GUSTAVE

LE MAUVAIS SUJET

III

9

ŒUVRES ILLUSTRÉES

DE

PAUL DE KOCK

GUSTAVE

LE MAUVAIS SUJET

III

PARIS

JULES ROUFF ET Cⁱᵉ, ÉDITEURS

CLOITRE-SAINT-HONORÉ

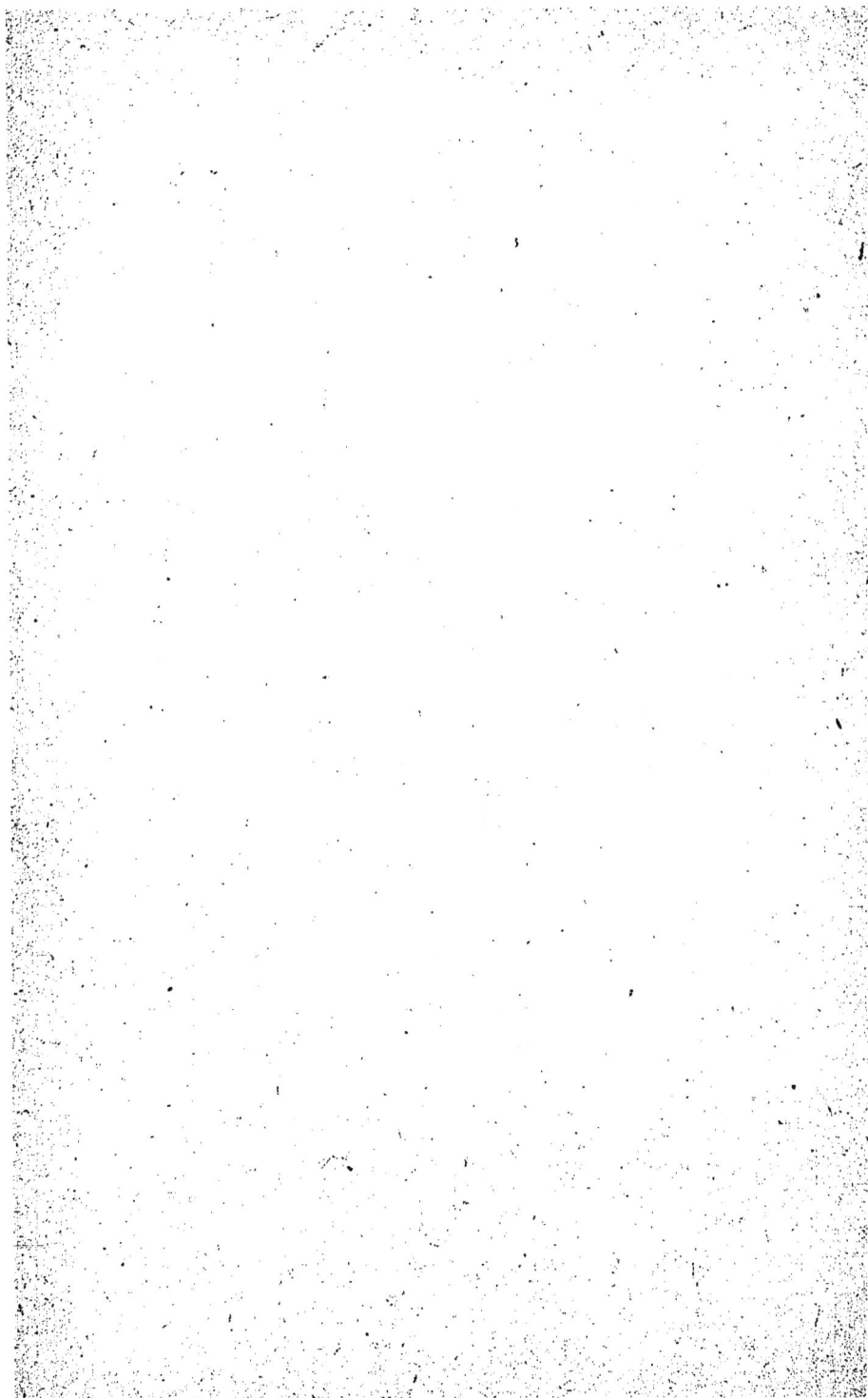

GUSTAVE
LE MAUVAIS SUJET

CHAPITRE PREMIER

UNE NUIT CONJUGALE.

Gustave, désespéré d'avoir perdu Suzon, dont il est redevenu amoureux depuis qu'elle n'habite plus avec lui, sort de son appartement, descend dans la cour, et se dispose à parcourir la ville, pour essayer de découvrir la retraite où le barbare colonel (car on est toujours un barbare lorsque l'on contrarie nos passions) a conduit la jeune villageoise.

Mais la ville est bien grande! et quand on ne sait point de quel côté on doit porter ses pas, il est probable que l'on fera beaucoup de chemin inutilement.

Gustave n'a pas fait cent pas qu'il s'arrête, regarde en l'air, et se demande où il va : comme il ne trouvait aucune réponse à cette question, il restait incertain au milieu de la rue, recevant, sans y faire attention, les coups de coude des passants, qui trouvaient fort mauvais qu'un

grand jeune homme restât immobile sur la voie
publique, et qui, s'il fût resté encore longtemps
dans cette situation, se seraient probablement
amassés autour de lui pour savoir ce qu'il regardait en l'air, où l'on ne voyait rien.

Mais à Paris on est principalement curieux et
musard: deux chiens qui se battent, un homme
qui saigne du nez, une dame qui, en se retrous-
sant, montre sa jarretière, un ivrogne qui tombe,
un enfant qui crie: en voilà plus qu'il n'en faut
pour faire assembler deux cents personnes.

Tout à coup Gustave est tiré de ses réflexions
par une voix qui prononce son nom. Cette voix
est partie du fond d'un fiacre jaune, qui s'éloigne
aussi vite que peuvent le faire deux vieilles rosses
n'allant jamais que comme un cocher payé à
l'heure.

— Eh mais! c'est cela, dit Gustave, un fiacre...
et je crois que Benoît m'a dit qu'il était jaune...
une voix qui m'appelle... et une voix qui m'est
bien connue! C'est elle, c'est Suzon, que mon
oncle emmène; allons, suivons la voiture... s'il faisait nuit, je monterais derrière, mais en plein
jour, je ne puis; n'importe, je ne la perdrai pas
de vue... Mais n'allons point trop près des por-
tières, pour éviter les regards du colonel.

Le fiacre sort de la ville et entre dans le faubourg du Temple.

— C'est cela, dit Gustave, on va la cacher à la
campagne; peut-être la reconduit-on à Ermenonville... mais à coup sûr ce ne sont pas ces deux
pauvres chevaux qui feront ce voyage ; il faudra
qu'on s'arrête, je trouverai l'occasion de parler à
Suzon.

La voiture passe en effet la barrière et monte la grande rue de Belleville; arrivée dans le village, elle tourne à gauche, entre dans une rue qui mène aux champs, et s'arrête devant une maison assez jolie. Gustave s'arrête de son côté; il se tient collé contre cette porte à une cinquantaine de pas; mais il regarde en tâchant de n'être point aperçu.

Deux dames et un jeune homme descendent du fiacre et entrent dans la maison. Les dames ont de grands chapeaux qui cachent leur figure; Gustave n'a pu, d'aussi loin, distinguer leurs traits; mais il commence à craindre de s'être trompé: aucune de ces dames n'a la tournure et la mise de Suzon; il est possible cependant que le colonel ait fait prendre un autre costume à la petite, afin de la déguiser; mais le colonel n'est pas dans la voiture, et ce jeune homme, quel est-il?... on ne lui aurait point confié la petite villageoise; allons, décidément Suzon n'était pas dans le fiacre, et notre héros s'est promené inutilement depuis la rue Montmartre jusqu'aux Prés-Saint-Gervais.

Gustave était de fort mauvaise humeur d'avoir ainsi perdu son temps. Les dames et le jeune homme étaient entrés dans la maison; le fiacre était reparti, et notre héros restait dans la petite rue des Champs, indécis sur ce qu'il devait faire.

— Cependant on m'a nommé!... une de ces dames me connaît donc!... en fait, cela n'a rien d'étonnant, j'en connais tant moi-même... qu'il y en a que j'oublie!... je voudrais savoir pourtant quelles sont les personnes qui viennent d'entrer dans cette maison.

Tout en disant cela, Gustave approchait de la maison et regardait aux croisées: il cherchait à découvrir au travers des persiennes une figure de connaissance. Il croit entendre ouvrir une fenêtre ; bientôt une voix douce prononce encore son nom.

Cette voix est la même qu'il a déjà entendue; oh! pour le coup, il n'y a plus à en douter, une de ces dames le connaît, et certes il ne retournera pas à Paris sans la voir ; déjà il approche de la porte cochère, il prend le marteau, il va frapper, sans savoir cependant qui il demandera, mais la même voix l'arrête :

— Ne frappez pas ! lui crie-t-on ; suivez le mur tournez l'angle à gauche, et attendez devant la petite porte.

— Diable!... du mystère, dit Gustave, un mur... une petite porte!... c'est comme une scène de mélodrame!... allons, faisons ce qu'on me prescrit; je vais connaître mon héroïne.

Gustave descend la rue, puis tourne l'angle à gauche, il suit encore le mur, et voit enfin une petite porte; il s'arrête là. Il regarde au-dessus de ce mur, qui s'étend fort loin; il n'aperçoit que le sommet de plusieurs arbres fruitiers ou des buissons de lilas; il présume que ce sont les jardins des maisons de la rue qui sont clos par ce mur.

Il s'appuie contre la petite porte, et attend avec impatience qu'on l'introduise dans le jardin; enfin il entend les pas de quelqu'un qui s'avance... la personne marche vite... ce doit être une femme... il croit même distinguer le froissement d'une robe... il sent son cœur battre avec plus de force... pourquoi cette émotion?... celle qui vient est peut-être laide ou vieille!... mais peut-être aussi est-elle jolie, et dans le doute on aime à s'arrêter à l'idée la plus agréable; et puis ce mystère, cette voix, tout cela a quelque chose de piquant qui fait travailler l'imagination.

— Eh! mon Dieu, dans les circonstances les plus importantes de la vie, les événements ne nous affectent qu'en proportion de la situation où ils nous trouvent; les rêves de notre imagination disposent notre âme à l'amour, à la joie ou à la douleur; il est des moments où nous ne demandons qu'à pleurer, d'autres où nous voyons tout en rose; et puisque au bal masqué on s'enflamme souvent pour un petit domino dont on ne peut distinguer les traits, Gustave pouvait bien sentir palpiter son cœur pour celle dont il entendait les pieds légers courir sur le sable et approcher de la petite porte.

On ouvre cette petite porte enfin; Gustave entre dans le jardin, et presse dans ses bras, non pas Suzon, mais madame de Berly.

Le premier mouvement devait être à l'amour; mais après s'être tenus longtemps embrassés, Gustave et Julie se firent mille questions. Notre héros ne revenait pas de la surprise que lui avait causée l'apparition de Julie.

— Eh quoi! Gustave, vous n'aviez pas reconnu ma voix? dit madame de Berly en soupirant. Mais, en effet, il y a si longtemps que vous ne m'avez vue!... vous m'aviez oubliée!... Ingrat!... et lorsque à chaque instant de la journée je pensais à vous, votre cœur était occupé d'une autre femme!... vous passiez à faire votre cour les

moments que je passais à gémir!... Hélas!...
voilà donc ces serments qui devaient être sacrés!...
Mais que dis-je!... avais-je le droit de compter
sur les vôtres?

Julie versait des larmes; Gustave ne savait
comment s'excuser, car il sentait qu'il était coupable, et pourtant la vue de Julie venait de ral-
lumer dans son cœur les sentiments qu'elle lui
avait jadis inspirés. Mais une femme qui nous
aime est facile à consoler! madame de Berly fut
la première à se rapprocher de Gustave.

— Pardonnez-moi ces reproches, mon ami; je
suis déraisonnable de vous en adresser!... Loin de
moi, pouvais-je espérer que vous ne connaîtriez
plus l'amour?... Mais vous ne me dites rien...
m'auriez-vous en effet oubliée entièrement?

— Oh! non, mais je sens que j'ai des torts...

— M'aimez-vous encore, Gustave?

— Plus que jamais.

— Eh bien! ne parlons plus de vos torts; les
reproches que l'on se fait soi-même ont bien plus
de force que ceux que l'on entend.

— Chère Julie que vous êtes bonne!... je ne
mérite vraiment pas tant de générosité.

— Ne m'en ayez point d'obligation!... si je
vous aime, c'est bien malgré moi!... j'aurais voulu
surmonter ce sentiment, mais l'amour est comme
la fortune: ce sont souvent ceux qui le méritent
le moins qu'il traite en enfants gâtés.

Gustave entourait Julie de ses bras; il couvrait de baisers un sein charmant, que sa main
avait débarrassé du fichu qui le cachait; dans
son ardeur, il voulait déjà se dédommager d'une

séparation de plusieurs mois, mais Julie arrêta
ses entreprises.

— Que faites-vous, mon ami? Songez-vous combien vous m'exposez!...

Il couvrait de baisers un sein charmant (P. 10).

— N'êtes-vous pas seule?
— D'un moment à l'autre on peut venir!... Je
ne suis pas même ici chez moi!... Vous n'avez
donc pas reconnu la dame qui était avec moi!

— Non, sans doute, puisque je ne vous avais pas reconnue vous-même. Et quelle est cette dame ?

— Aurélie, la nièce de mon mari, celle que vous deviez épouser et qui est mariée depuis six semaines à ce grand jeune homme qui était en voiture avec nous.

— Se pourrait-il ?...

— C'est chez eux que je suis; cette campagne leur appartient. Je viens quelquefois, par complaisance, y passer huit jours; et, d'ailleurs, que je sois à la ville ou à la campagne, loin de vous, tout m'était indifférent. Mais je crains que madame Frémont ou son mari ne remarquent mon absence... Et si l'on vous voyait avec moi... Aurélie est méchante... je serais perdue !...

— Comment faire ?... Je ne puis cependant me résoudre à vous quitter. M. de Berly vient-il ici ce soir ?

— Non, il reste à Paris jusqu'à dimanche.

— Nous sommes à jeudi. Je puis rester avec vous...

— Je loge dans ce pavillon que vous voyez... à gauche... au milieu du jardin...

— Bon !... donnez-m'en la clef, je vais m'y cacher et vous y attendre...

— Ah! Gustave !... si Aurélie... son mari...

— Vous ne m'aimez plus autant Julie !...

— Méchant !... Tenez, voilà cette clef... mais prenez bien garde d'être aperçu !...

— Comptez sur ma prudence...

— Je retourne au salon... J'aurai une migraine, et je les quitterai le plus tôt possible...

— Fort bien... je vous attends.

Madame de Berly s'éloigne par une allée qui conduit à la maison; Gustave se dirige vers le pavillon qu'on lui a indiqué. Ce bâtiment, isolé au milieu des jardins, est composé d'un rez-de-chaussée, d'un premier et surmonté d'une terrasse, sur laquelle on a établi un télescope que l'on braque à son gré sur les environs.

Gustave arrive au pavillon; mais il n'a pas besoin de faire usage de la clef qu'on lui a remise, car la porte est ouverte; il entre sur un petit palier; un escalier conduit à l'étage supérieur et à la terrasse, une porte près de cet escalier conduit à la pièce du rez-de-chaussée.

— Est-ce au premier ? est-ce au rez-de-chaussée qu'elle habite ? se demande Gustave; au reste... peu importe où je l'attendrai : elle m'a dit qu'elle logeait dans ce pavillon, et probablement elle y loge seule, puisqu'elle en a la clef. Entrons au rez-de-chaussée; je verrai bien si la chambre est disposée pour la recevoir.

La clef est à la porte : Gustave ouvre et aperçoit une jolie pièce élégamment meublée et fraîchement décorée. Il entre, persuadé que c'est la chambre de madame de Berly que l'on a disposée pour la recevoir. Rien ne manque en effet dans l'appartement : lit élégant, canapé, glaces, bergères, doubles rideaux, rien n'est oublié pour faire de cette pièce une retraite charmante. Gustave examine tout : il aperçoit avec étonnement une glace au fond de l'alcôve:

— Diable, dit-il quelle recherche !... quel raffinement !... Autrefois Julie ne connaissait point tout cela !... Allons, c'est un boudoir que ce séjour; c'est bien l'asile qui convient à une jolie

femme. A coup sûr, l'appartement de madame
Frémont ne doit point ressembler à celui-ci! Cette
prude Aurélie, ne levant jamais les yeux sur un
homme, et prenant avec humeur les plus légères
plaisanteries, doit être bien drôle dans son ménage!... Elle doit bannir de son appartement
tout ce qui peut amollir les sens ou effaroucher
la pudeur. Je plains son mari!... rien n'est plus
maussade qu'une prude... en compagnie du moins ;
mais j'aurais été curieux de savoir comment s'est
passée la première nuit de ses noces.

Après avoir admiré l'appartement, Gustave
repousse la porte et se jette dans une bergère.

Là il se repose en attendant que Julie vienne
le retrouver; il repasse dans sa tête les événements de la journée, et ne peut se dissimuler
que ce n'était pas pour coucher avec Julie qu'il
est sorti de l'hôtel, et qu'il ne retrouvera pas
Suzon dans l'appartement de madame de Berly.

Pauvre Suzon!... serais-tu maintenant oubliée?... Non, Gustave se promet bien de pour-
suivre ses recherches et de découvrir l'asile où
le colonel a conduit la petite; mais un jour ou
deux de retard ne changeront rien au résultat
de ses démarches; au contraire, cela rendra le
succès plus facile: voyant que Gustave ne fait
aucune tentative pour retrouver Suzon, on sur-
veillera moins la jeune fille, elle pourra donner
de ses nouvelles à son bon ami: c'est du moins
ce que pense notre héros dans la chambre à coucher de madame de Berly.

Mais, direz-vous, il ne pensait pas ainsi en
sortant de l'hôtel de son oncle, en parcourant les

rues au hasard, et en suivant jusqu'à Belleville
le fiacre : c'est possible ! mais :

Autres temps, autres soins !

Il faisait nuit depuis longtemps, Gustave s'im-
patientait dans sa bergère après madame de
Berly; enfin une lumière brille dans le jardin et
approche du pavillon. Bientôt un bruit confus de
voix arrive jusqu'à l'oreille de Gustave, qui se
lève étonné et écoute plus attentivement.

Il distingue la voix d'Aurélie et celle d'un
homme qui se mêlent à celle de Julie. Probablement les nouveaux mariés ont voulu accompagner
madame de Berly juqu'au pavillon, mais s'ils
poussaient la politesse jusqu'à entrer dans l'appartement! cela serait possible... Les voix ap-
prochent... il faut à tout hasard prévenir le danger, et Gustave, ne voyant aucune autre cachette,
se fourre sous le lit, où il espère ne pas faire un
long séjour.

On est arrivé au pied de l'escalier; Gustave peut
entendre ce qu'on dit:

— Comment! Aurélie, vous voulez coucher dans
ce pavillon?

— Oui, ma tante; oh! je l'ai fait arranger
exprès pour cela la semaine dernière...

— Quelle folie!... vous étiez si bien dans la
chambre qui donne sur la rue!...

— Ma femme a comme cela des idées singu-
lières: elle a fait tout cela sans me consulter!...

— J'espère, monsieur, que je suis la maîtresse
de coucher où cela me fait plaisir?

— Sans doute, ma femme, mais...

— Mais, mais... je vous dis que nous serons beaucoup mieux.

— Cependant Aurélie, ce pavillon est humide...

— Vous y couchez bien, vous, ma tante ?

— Oui, mais pas au rez-de-chaussée.

— Je ne crains point l'humidité... Venez voir, ma tante, comme j'ai fait arranger l'appartement.

Sans attendre de réponse, Aurélie ouvre la porte et entre ; Julie la suit en tremblant ; elle craint que Gustave, à qui elle n'a point songé à dire qu'elle habite au premier, ne l'attende dans la pièce du bas ; mais un seul coup d'œil la rassure : il n'est pas là.

— Allons, restez donc ici, puisque cela vous arrange, dit-elle : je vais me coucher... j'ai un mal de tête !... Ah ! je prévois que je me lèverai tard demain.

Et madame de Berly quitte Aurélie et son époux, empressée de monter à son appartement, où elle croit trouver Gustave.

Mais ce pauvre Gustave se désolait sous le lit où il s'était réfugié ; la conversation venait de lui apprendre qu'il était dans la chambre de M. et madame Frémont. Les deux époux s'enferment, et vont se coucher ; il n'y a donc plus moyen de s'échapper ; bien heureux encore s'il n'est pas découvert, car alors quelle serait son excuse ?... passer pour un voleur, cela ne lui serait même pas possible, puisque Aurélie le connaît : Julie serait donc compromise !... Allons, il faut rester sous le lit, et s'estimer heureux si personne ne le fait sortir de là.

Gustave s'étend sur le dos, invoque la Providence pour que M. et madame Frémont ne regardent pas sous le lit avant de se coucher, comme cela arrive aux âmes timorées, et attend dans le plus grand silence, et sans oser remuer ni respirer, que le hasard ou l'amour lui permette de sortir de sa cachette.

Madame Frémont met ses papillotes, le mari se déshabille.

— Allons, dit Gustave, je vais être initié aux mystères de la couche matrimoniale; je comptais passer la nuit à faire l'amour, je l'entendrai faire aux autres; c'est bien différent, mais j'y gagnerai peut-être du côté de l'instruction; il faut prendre son parti.

Cependant la conversation des deux époux n'était pas montée sur le ton de la tendresse:

— Délacez-moi, monsieur, je vous prie... Allez donc... Ah! que vous êtes gauche!...

— Ma femme, il y a un nœud...

— Coupez le lacet, un rien vous embarrasse!...

— Voilà ce que c'est...

— C'est bien heureux! je croyais que vous n'en finiriez pas!... Comment! vous mettez un bonnet de coton?

— Sans doute...

— Ah! que cela vous va mal!... Que vous êtes laid avec cela!

— Cela me tient chaud, et je ne veux pas m'enrhumer dans cette chambre, que l'on dit humide.

— Ah! mon Dieu! vous êtes déjà comme les vieux... Que ne mettez-vous un gilet de flanelle!...

— Mais c'est ce que je ferai incessamment, car cela préserve de beaucoup de maladies.

— J'espère que vous n'en ferez rien!... quelle manie! Pour moi, je ne veux pas coucher auprès d'un paquet de flanelle!... cela me gratterait la peau.

— On n'en met pas partout, ma femme.

— Ah! c'est dommage!

Madame Frémont se couche.

— Peste! dit Gustave en lui-même, quelle femme!... Pour une prude, il est bien extraordinaire qu'elle n'aime pas les gilets de flanelle! Quoi! cette fille... qui tenait continuellement ses yeux baissés quand un homme lui parlait!... Fiez-vous donc aux apparences!

— Eh bien! monsieur, avez-vous bientôt fait vos quinze tours... vous coucherez-vous ce soir?

— Me voilà, ma femme: je regarde si les volets sont bien fermés...

— N'avez-vous pas peur des voleurs?...

— Non, mais je crains les vents coulis, et à la campagne on prend aisément un torticolis!...

— Ah! mon Dieu, monsieur Frémont! si vous m'aviez dit avant de m'épouser que vous aviez peur des vents coulis, des torticolis... et que vous portiez un gilet de flanelle et un bonnet de coton, j'aurais pu faire mes réflexions!... En vérité... on est bien trompé par les apparences!... vous faisiez le rodomont!... le roué, l'infatigable, le fendant! et Dieu sait ce qu'il en est!...

— Madame, je pense que c'est pour les qualités solides qu'on se marie...

— Les qualités!... mais où sont-elles donc, monsieur, vos qualités solides?... Allons, venez vous coucher.

Frémont souffle la chandelle, et s'approche de sa chère moitié.

— Comment monsieur... vous avez soufflé la chandelle?

— Certainement, vous savez bien que je n'ai pas l'habitude de garder de la lumière pour dormir.

— Pour dormir!... ah! oui... c'est bien vrai... vous n'avez pas l'habitude.

Ah ça! monsieur, est-ce que vous allez vous endormir comme cela?... (P. 19).

— Comment! ce'a vous fâche, ma chère amie?

— Ah! vous êtes d'une gaucherie!... c'est bien la peine que je fasse mettre une glace dans mon alcôve!

— Une glace!... Je ne pense pas que vous vouliez vous en servir la nuit?...

— Oh! non, monsieur, avec vous, je le vois, tout cela ne sert à rien.

M. Frémont se couche, sa femme ne dit rien; Gustave avait beaucoup de peine à contenir l'envie de rire que la conversation conjugale lui avait donnée.

Pendant cinq minutes on ne rompt point le silence; cependant on ne s'endormait pas, car Gustave entendait se retourner fréquemment dans le lit.

Enfin Aurélie reprend la parole:

— Ah çà, monsieur, est-ce que vous allez vous endormir comme cela?...

— Mais il n'y aurait rien d'étonnant, je pense, à ce que je m'endormisse... j'ai beaucoup couru ce matin dans Paris... je suis très las.

— Vous êtes las! voilà tout ce que vous savez me dire; je ne suis point lasse, moi, monsieur, et je n'entends pas que cela se passe ainsi...

— Mais, ma femme, hier...

— Hier!... voyez donc la belle chose pour se vanter!... Comment, monsieur, après six semaines de mariage, c'est comme cela que vous vous condui- sez!... c'est affreux!... c'est abominable!... nous nous séparerons si cela continue...

— En vérité, madame, vous m'étonnez!... je n'aurais jamais cru, quand je vous épousai, que vous me tiendrez, un jour, un pareil langage! vous, madame, si réservée dans le monde ; si sévère sur la décence!... sur les mœurs!... vous qui me querelliez quand je chantais *le Sénateur* ou *le Grand Clerc à papa*; qui ne conceviez point que l'on allât à l'Opéra-Comique voir *Joconde* ou *les Femmes vengées*, et qui avez renvoyé deux femmes de chambre parce qu'elles avaient des formes trop marquées, et une cuisinière parce qu'elle levait les yeux en servant la soupe et le bouilli: c'est vous qui aujourd'hui me faites des reproches, parce que j'ai besoin de me reposer un peu!...

— Eh! monsieur, qu'a de commun tout ce que vous venez de me conter avec les devoirs du ma- riage?... Oui, sans doute, j'aime la décence en public!... mais je sais bien pourquoi l'on se marie... La religion nous ordonne de nous prêter aux désirs de notre époux... de les prévenir même... elle nous permet de jouir des plaisirs de l'hymen en pro- créant des êtres à notre image, à notre ressem-

blance; vous êtes un impie, monsieur, qui ne
suivez pas les commandements de Dieu.

— Allons, madame, point de colère!... vous
savez bien que je vous aime tendrement...

— Vous le dites, voilà tout...

— Ah!... je vous l'ai prouvé souvent... Embras-
sons-nous, ma chère amie, et faisons la paix...

— Vraiment... je suis trop bonne de vous
céder... Ah!... qu'est-ce que vous faites donc?...

Ici Gustave ne distingua plus la suite de la
conversation; les craquements du lit l'empêchèrent
d'entendre les paroles d'Aurélie; mais, à l'ardeur
qu'elle paraissait mettre dans ses discours, il ne
put s'empêcher d'envier un moment la place qu'occupait M. Frémont.

CHAPITRE 11

JULIE PERD SA BEAUTÉ ET GUSTAVE SA CULOTTE

La conversation des deux époux était achevée; le silence de la nuit n'était plus troublé par les exclamations d'Aurélie; on ne se retournait plus dans le lit, d'où Gustave conclut qu'on était endormi. Il résolut de profiter de ce moment pour s'échapper; il ne pouvait espérer une occasion plus favorable: en attendant le jour, il lui sera plus difficile d'éviter les regards des domestiques; il fallait donc mettre à profit le sommeil des époux.

Gustave se glisse bien doucement sur les mains et les genoux; il parvient au milieu de la chambre; il se lève et marche, les mains en avant, du côté de la porte; déjà il est tout proche, lorsque ses pieds heurtent un tabouret que ses mains n'ont pu sentir; sur ce tabouret était posée une cuvette; le pied de Gustave envoie la cuvette rouler au milieu de la chambre: le bruit réveille les deux époux.

— Qui est là? s'écrie M. Frémont.

Gustave voit qu'il n'est plus temps d'aller en tâtonnant, il faut se sauver; il trouve la porte, l'ouvre brusquement, et monte l'escalier, pendant qu'Aurélie crie à tue-tête: Au voleur! au secours!... et que Frémont court prendre son fusil.

Gustave arrive au premier étage; il frappe à la porte, il appelle à demi-voix Julie; mais on ne répond pas, et Frémont sort de sa chambre; il va monter l'escalier, il va atteindre Gustave, et peut-être lui envoyer une balle dans la tête, ce qu'il ne faut pas s'exposer à recevoir. Comment lui échapper?

Notre étourdi monte encore l'escalier, la porte qui donne sur la terrasse est ouverte, il entre et referme la porte sur lui. Le voilà donc pour un moment en sûreté; mais Frémont sait qu'il s'est réfugié sur la terrasse; il descend l'escalier, et court rassembler ses domestiques, pendant que sa femme se sauve en chemise dans le jardin.

Mais pourquoi Julie n'avait-elle pas ouvert à Gustave? Parce qu'elle n'était point dans sa chambre. — Et pourquoi n'était-elle point dans sa chambre au milieu de la nuit?

— C'est ce qu'il me sera très facile de vous expliquer.

En montant chez elle, madame de Berly croyait bien y trouver Gustave. Quel est son étonnement de ne voir personne! Elle regarde partout, dans les cabinets, dans les armoires, jusque dans le lit, point de Gustave!... Où peut-il être? Elle monte sur la terrasse, il n'y est pas: mais où donc est-il?... Elle est entrée dans la chambre de sa nièce, elle sait qu'il n'y est point. Julie ne conçoit rien à la conduite de Gustave; elle ouvre la fenêtre, regarde dans le jardin, écoute, tousse très fort... personne ne paraît.

— Allons, dit-elle, il se sera ennuyé d'attendre... il sera parti... Mais non, Gustave ne m'aurait pas quittée ainsi... peut-être a-t-il craint d'être vu dans le pavillon, et a-t-il préféré m'attendre dans le jardin... car il faut bien qu'il soit quelque part... Visitons le jardin.

Julie prend une lumière; elle descend bien doucement l'escalier pour ne point donner l'éveil à M. et madame Frémont, et va visiter chaque bosquet, chaque buisson, en appelant à demi-voix Gustave, qui était alors couché sous le lit d'Aurélie.

Le jardin était fort grand, et Julie n'en avait encore visité que la moitié, lorsque les cris de Frémont et de sa femme parvinrent à son oreille. Elle s'arrête tremblante:

— Il est découvert, dit-elle, nous sommes perdus!...

Madame de Berly précipite ses pas vers le pavillon; au détour d'une allée, Aurélie vient se jeter dans ses bras!

— Ah! ma tante, sauvons-nous, il y a un voleur dans la maison...

— Un voleur?...

— Oui, ma tante, est-ce que vous ne nous avez pas entendus?...

— Si fait, et c'est pour cela que je suis descendue dans le jardin...

— C'est bien heureux que vous ne l'ayez pas rencontré? il est maintenant sur la terrasse...

— Mais es-tu bien sûre?...

— Oh! certainement; il était caché sous mon

lit!... Ah! mon! Dieu! et M. Frémont qui a voulu me... Ah! si j'avais su!... mais, ma tante, n'allez donc pas par là; vous approchez du pavillon... cet homme pourrait nous tirer un coup de pistolet de dessus la terrasse.

Madame de Berly n'écoutait pas Aurélie, et continuait de marcher vers le pavillon; elle y arrive, monte vite l'escalier, ouvre la porte, et jette un cri en apercevant un homme tout noir au milieu de sa chambre... mais sa frayeur est aussitôt dissipée; cet homme noir est Gustave, qui, pour arriver chez elle et se sauver de la terrasse, n'a trouvé d'autre moyen que de descendre par la cheminée.

— Comment, c'est vous!... pauvre Gustave!... comme il est fait!...

— Bien heureux encore d'avoir trouvé ce moyen pour leur échapper!...

— Mais ne vous trouvant pas sur la terrasse, que vont-ils penser?...

— Que j'ai sauté dans le jardin...

— Ah!... il me vient une idée... oui... je les entends...

Madame de Berly ouvre sa fenêtre; Frémont arrivait avec le jardinier, son valet de chambre et trois ou quatre voisins qu'il était parvenu à faire lever, et qui avaient consenti à le suivre pour arrêter le voleur.

Ces messieurs portaient des flambeaux et des fusils; ils allaient monter à la terrasse, madame de Berly les arrête.

— Le voleur est sauvé... je l'ai vu sauter de la terrasse dans le jardin, et monter par dessus ce mur.

— En êtes-vous certaine, ma tante?... Cependant ce mur est très haut... cet espalier n'est point endommagé...

— Ces gens-là sont si lestes!...

— N'importe, messieurs, dit Aurélie, visitez toujours le pavillon et la terrasse.

— Parbleu! dit Gustave, ils ne me chercheront pas ici, j'espère... surtout quand je serai dans votre lit.

Aussitôt il se déshabille et se couche; Julie va en faire autant... On descend rapidement l'escalier... on frappe vivement à sa porte...

— Ouvrez... ouvrez... ma tante, crie M. Frémont.

— Et pourquoi donc cela?...

— Le voleur doit être dans votre chambre ou dans la cheminée ; nous sommes certains qu'il est descendu par là... le haut de la cheminée est cassé...

— Eh! monsieur, je vous dis qu'il n'y a personne dans ma chambre... je le verrais bien.

— Il est caché, ma tante; ouvrez vite, ou vous êtes perdue...

— Mais, monsieur, je suis toute nue... attendez donc un moment.

Julie se déshabillait en effet; elle fourre les vêtements de Gustave entre ses matelas, et s'approche de la porte:

— Messieurs, je vais vous ouvrir... mais n'entrez pas de suite, laissez-moi le temps de me remettre dans mon lit, je vous en prie...

— Oui, ma tante, ouvrez.

Julie ouvre la porte et va se recoucher près de Gustave, qui se fait le plus petit possible, et se blottit contre un endroit où certes on ne doit pas présumer que le voleur se soit réfugié.

Frémont, les valets et les voisins entrent le fusil en avant; ils visitent tous les coins, ils regardent dans la cheminée, ils tirent dedans deux coups de pistolet.

— Vous voyez bien qu'il n'y est pas, dit madame de Berly; c'est en sautant du haut en bas de la terrasse qu'il aura endommagé la cheminée.

— Eh mais, dit à son tour Aurélie, qui était restée près de la porte, s'il était caché sous le lit de ma tante.

On regarde sous le lit... personne.

— Quand je vous dis que je l'ai vu franchir le mur à droite...

— Mais, ma tante, ils pouvaient être plusieurs.

— Enfin il n'y a en a point ici, et j'espère qu'on va me laisser dormir.

— Dormir!... Comment, ma tante, vous pensez à dormir quand nous sommes entourés de voleurs?...

— Comme je suis certaine qu'ils ne sont plus dans la maison, je ne crains plus rien.

— Allons, messieurs, dit Frémont à ses voisins, allons faire une exacte visite dans les jardins.

— Eh mais, monsieur, dit à son tour le jardinier, si le voleur a sauté dans l'jardin à droite, il sera tombé chez M. Courtaud, le maître d'école d'à côté.

— C'est juste... il faut aller réveiller M. Courtaud; nous parviendrons peut-être à saisir le coquin.

Ces messieurs se disposent à sortir; Aurélie les arrête:

— Et moi, messieurs, est-ce que vous m'aban-
donnez?... je n'ai pas envie de rester seule à ce
rez-de-chaussée... on n'aurait qu'à forcer les
volets...

— Venez avec nous, madame...

— Que je sorte comme cela!... ô ciel!... ces messieurs n'en ont déjà que trop vu... Ah! je vais
rester avec ma tante, elle a du courage; auprès
d'elle je n'aurai pas si peur... Ma tante, voulez-
vous que je couche avec vous?...

— Quelle folie!...

— Ah! je vous en prie, ma tante... Allez, messieurs; mais laissez-nous le jardinier pour sen-
tinelle... il restera en bas.

Les hommes descendent, placent le jardinier en
observation au rez-de-chaussée, avec ordre de
tirer à la première alerte, et s'en vont réveiller
M. Courtaud, laissant Aurélie dans la chambre de
madame de Berly.

La situation de Gustave était pénible: dans
tout autre moment il aurait profité de sa position; mais il fallait alors, nouveau Tantale, ne
point goûter des biens qui s'offraient à lui. Notre
héros n'avait pas la vertu de saint Robert d'Ar-
brissel, qui couchait entre deux filles pour mor-
tifier sa chair, et défiait ainsi le démon (lequel
finissait toujours par le laisser en repos).

Gustave était possédé par l'esprit malin, et ne
pouvait le combattre. Couché avec une jolie
femme, à moins de faire usage du procédé d'Ori-
gène, j'aime à croire, lecteur, que vous seriez,
comme mon héros, tombé en tentation.

Julie était encore plus mal à son aise que Gustave; elle regardait en frémissant Aurélie, qui

était occupée à mettre un mouchoir sur sa tête, et se disposait à partager le lit de sa tante; encore un moment, et madame Frémont va tout découvrir... le lit est tout contre le mur, il n'y a pas moyen de se glisser dans la ruelle... Comment donc faire? Allons... un grand moyen; il faut souvent tout risquer pour conserver quelque chose!... Julie se lève au moment où Aurélie va se coucher, et prend la chandelle que celle-ci allait poser sur la table de nuit.

— Où allez-vous donc ma tante?...

— J'ai cru entendre du bruit... je crois que ces messieurs n'ont pas regardé dans cette grande armoire...

— Ah! ma tante! vous me faites frémir... n'approchez pas ...si en effet il y avait là quelqu'un?...

— Eh bien! il faut s'en assurer...

— Mais attendez donc... Je vais avertir le jardinier...

Aurélie ouvre la porte, et appelle le jardinier. Pendant qu'elle a le dos tourné, Julie met le feu à des papiers qui sont au fond de l'armoire, puis se rapproche de madame Frémont. Le jardinier arrivait, prêt à tirer sur le voleur.

— N'importe, ma tante, laissez-le visiter... partout.

Le jardinier entre dans la chambre, et aperçoit une fumée épaisse qui sort de l'armoire.

— Ah! morgué, mesdames, en v'là ben d'une autre!... l'voleux a mis le feu chez vous...

— Le feu!...

— Ah! malheureuse! c'est moi qui en visitant cette armoire... une flammèche sera tombée...

— Sauvons-nous, ma tante, sauvons-nous... la fumée m'étouffe déjà.

La fumée commençait à remplir l'appartement: Aurélie descend en poussant des cris perçants; le jardinier laisse là son fusil, et court chercher de l'eau. Julie est enfin seule avec Gustave, qui saute hors du lit et se jette dans ses bras.

— Sauvez-vous, mon ami, vous n'avez qu'un moment... Grand Dieu!... quelle nuit!...

— Chère Julie!... et c'est moi qui suis cause...

— Partez vite... la fumée va nous étouffer...

— Il faut cependant que je **prenne mes vête-**ments... je ne puis m'éloigner ainsi...

— De grâce, sortez d'abord de cette chambre...

— Que je vous quitte !... On n'y voit plus... Ah ! je les tiens, je crois...

— Descendez... voilà la clef de la petite porte... Adieu, Gustave... sauvez-vous...

Julie pousse Gustave

... et jette l'autre sur le corps de Gustave. (P. 31.)

hors de la chambre que la fumée remplissait ; mais le jardinier montait alors l'escalier avec deux seaux d'eau ; il aperçoit un jeune homme fuyant avec un paquet, il ne doute point que ce ne soit le voleur qu'on cherche ; n'ayant pas d'armes pour le combattre, il pose un de ses seaux à terre et jette l'autre sur le corps de Gustave.

Celui-ci trempé jusqu'aux os, repousse avec colère son adversaire; le jardinier perd l'équilibre, il roule, tombe sur les marches de l'escalier; Gustave saute par-dessus lui, il sort du malencontreux pavillon; heureusement Aurélie en était déjà éloignée; il suit l'allée qui conduit à la petite porte, il ouvre, il est enfin dans la campagne; pour la seconde fois, il franchit presque nu les haies, les buissons et les fossés, et c'est encore pour Julie qu'il se trouve dans cette fâcheuse situation.

— Ah! c'en est fait, dit notre héros en grelottant, je ne m'exposerai plus à pareille aventure! Cette femme-là coûte trop cher!

Etant à une portée de fusil de la maison de M. Frémont, Gustave s'arrête, et se dispose à s'habiller; mais nouvelle disgrâce, au lieu d'un pantalon, il trouve un corset, un jupon pour un gilet, une robe pour un habit; enfin ce sont les vêtements de Julie qu'il a pris pour les siens; méprise d'autant plus naturelle, que Julie avait caché les vêtements de Gustave entre les matelas de son lit, et posé les siens sur la chaise où étaient les autres.

Au milieu de la fumée qui ne permettait plus de distinguer les objets, Gustave avait saisi ce qui était sur la chaise, sans s'apercevoir du changement de vêtements.

— On dit qu'il y a un dieu pour les amants, dit Gustave en nouant autour de son corps le jupon de percale et la robe de taffetas gris: mais il me semble que cette nuit le diable seul s'est mêlé de mes affaires.

Allons... soyons femme, puisque je ne puis être autre chose; j'avoue que pour le moment, ce déguisement ne me convient guère: quand on est trempé jusqu'aux os, un jupon de percale, une robe de taffetas et un petit bonnet de tulle ne valent point un habit et un pantalon de drap. Encore si nous étions en été!... mais nous sommes au mois de mars!...

Quelle idée de venir à la campagne dans ce temps-ci!... Parbleu!... j'avais bien besoin de suivre ce fiacre!... ah! c'était pour une leçon... Que diable fait-on de tous ces cordons? Je dois avoir l'air d'un vrai chie-en-lit... par malheur le jour commence à poindre...

Ah! quelle nuit! coucher avec une femme charmante sans... Etre arrosé, enfumé... et affublé de la sorte!... Ah, mon oncle! si vous m'aperceviez dans cet état... et madame Fonbelle, à qui je jure tous les jours que je suis sage, rangé, constant... Au diable les lacets... et les rubans!... Dépêchons-nous pour arriver à Paris avant qu'il fasse grand jour; car en me voyant ainsi, on me mènerait à la préfecture de police.

Pendant que notre héros, assis sur les bords d'un fossé entre un œillet et des plants de pommes de terre, procédait à sa nouvelle toilette, madame de Berly s'exposait pour lui aux plus grands dan-

gers: Julie était derrière Gustave lorsque le jardinier l'arrosa de la tête aux pieds; elle le voit
enfin renverser son adversaire et gagner le jardin.

Il est sauvé, dit-elle, mais bientôt une réflexion
vient modérer sa joie: ses vêtements sont cachés
entre les matelas; se serait-il trompé?... aurait-il
pris une robe pour un habit? Le malheureux, dans
l'état où l'a mis le jardinier, gagnera une maladie
s'il ne peut bien vite se vêtir chaudement.

Telles sont les pensées qui se présentent en foule
à l'esprit de Julie; elle prend aussitôt une résolution hardie; les femmes ne calculent point le
danger quand il s'agit de sauver l'objet de leur
affection, et madame de Berly est persuadée que
Gustave périra s'il n'a pour se couvrir qu'une
robe et un jupon.

Elle remonte l'escalier; la flamme circulait déjà
dans une partie de la chambre, mais elle n'avait
point encore gagné le lit; Julie ferme les yeux,
retient sa respiration, elle s'élance dans l'appartement... elle touche les matelas, elle les soulève...,
elle sent les vêtements... elle les tire avec force...
elle tient enfin ces objets précieux... elle cherche
la porte: la fumée la suffoque... un tourbillon de
flamme l'atteint; ses cheveux qui pendent en
désordre sont bientôt embrasés; elle perd courage... elle tombe devant l'ecalier.

— Pauvre Gustave!. s'écrie-t-elle.

Julie allait périr, si le jardinier, qui s'était
relevé et remis de l'étourdissement que sa chute
lui avait causé, ne fût venu à son secours. Le
brave homme monte avec son seul seau plein qui
lui reste: il aperçoit madame de Berly à terre;
il la prend dans ses bras, la descend au jardin, et

là lui jette son eau sur la tête pour éteindre le feu pris à ses cheveux.

En ce moment les secours arrivent de toutes parts: Aurélie avait appelé son mari; Frémont et ses valets avaient réveillé toute la pension de M. Courtaud. Les voisins accouraient avec de l'eau; on parvint bientôt à se rendre maître du feu, les meubles de la chambre du premier furent brûlés, et avec eux les habits de Gustave.

Madame de Berly revint à elle, mais elle souffrait horriblement; sa figure était brûlée partout: elle devait porter toute sa vie les marques de sa blessure.

Aurélie fit un cri en voyant sa tante: Julie se résigna...

— Je serai laide, dit-elle, il ne m'aimera plus!... mon cœur, cependant, est toujours le même!... mais du moins il ne s'exposera point pour moi, et je ne trahirai plus mes devoirs.

Julie perdit en effet tous ses attraits; elle fut punie par où elle avait péché!

CHAPITRE III.

UNE SCÈNE A LA COURTILLE

Gustave, le bonnet sur l'oreille, le corset passé en gilet et attaché par devant, le jupon pendant d'un côté, et la robe traînant dans la crotte, marchait à longues enjambées dans la grande rue de Belleville.

Le jour paraissait, et sous ce costume féminin il faut éviter les aventures, surtout dans le quartier de la Courtille, séjour ordinaire des ivrognes. Gustave se félicitait d'avoir passé l'Ile-d'Amour; il doublait le pas, retenant avec peine d'une main sa robe, de l'autre son jupon, et obligé souvent de lâcher l'un ou l'autre pour retenir son bonnet, que le vent menaçait d'emporter.

Par malheur pour notre héros, M. Favori, sauvage du grand salon de Calot, et chantre au lutrin, connu dans les belles réunions de Kokoli, la Belle-en-Cuisse, salon de Flore et autres, par son talent sur la grosse caisse et sa superbe basse-taille, avait eu un différend avec Jean-Jean Courtepointe, tambour de la caserne des Marronniers, au sujet de mademoiselle Nanon Dur-à-Cuire, fille majeure, établie marchande d'œufs rouges devant le Grand-Saint-Martin, brûlant par la vivacité de ses yeux, tous les cœurs des pratiques de M. Desnoyers, mais à cheval sur les principes, et ferme sur la vertu comme sur ses sabots.

M. Favori, beau parleur et grand enjôleur de jeunes filles, avait mille moyens pour captiver les innocentes beautés qu'il jugeait dignes de ses hommages: il chantait avec une grâce séduisante la romance du *Pied de Mouton*, ou la complainte du *Sacrifice d'Abraham*. Il allait toutes les semaines aux Funambules pour se former dans la pantomime, et de temps à autre au café des Aveugles pour retenir de petits airs d'opéras.

Nanon aimait les beaux-arts, la musique surtout; elle battait la mesure sur sa chaufferette quand Favori fredonnait un refrain sensible, et faisait un second dessus à l'ouverture de *la Caravane*, quand le beau sauvage la jouait sur ses grosses caisses.

Favori n'avait eu garde de négliger les belles dispositions de Nanon, il volait près d'elle dans les entr'actes de service; il s'asseyait près de l'étalage et apprenait à la jolie marchande: *O pescator del ondin fideli.* Cet air enchanteur tournait la tête à Nanon, qui fredonnait: *O pescator*, soit en épluchant ses œufs durs, soit en faisant cuire un hareng.

De son côté, M. Jean-Jean Courtepointe lorgnait aussi la belle marchande; le jeune tambour ne chantait ni *Pescator* ni romance des boulevards, mais il se balançait avec grâce en portant sa caisse; dans ses mains les baguettes roulaient avec une merveilleuse agilité; il faisait jouer les petits fifres quand on descendait la Courtille et souvent s'arrêtait pour battre la retraite devant l'étalage d'œufs rouges.

Nanon était vertueuse, comme j'ai déjà eu l'honneur de vous le dire, mais elle était sensible aux procédés, et peut-être fière d'inspirer des passions aux deux plus jolis hommes de l'arrondissement. Elle souriait au militaire, elle lui gardait des œufs qu'elle teignait en jaune exprès pour lui (galanterie qui prouvait toute la candeur et l'innocence de Nanon). Elle s'arrêtait quand la retraite passait, et Jean-Jean Courtepointe ne manquait jamais alors de faire sauter ses baguettes.

De plus, le jeune tambour était sur la danse aussi fort que Favori l'était sur le chant. Courtepointe avait appris l'allemande d'un paillasse des *Acrobates*, et il la dansait dans la perfection, les dimanches et lundis, dans le salon de Desnoyers; on se foulait pour le voir faire ses passes, et les Suisses mêmes rendaient justice à son talent.

Or, mademoiselle Nanon avait beaucoup de goût pour l'allemande, danse gracieuse dont son cœur ingénu ne connaissait point les dangers. M. Courtepointe avait offert de donner des leçons; on avait accepté, et on s'exerçait tous les soirs, soit chez Calot, soit chez Desnoyers, en attendant qu'on eût assez d'aplomb pour se risquer à l'*Ile-d'Amour*.

Vous pensez bien que M. Favori ne voyait point de bon œil les assiduités de Courtepointe. Il rôdait

autour de son rival en faisant des yeux de léopard;
il sentait une démangeaison de donner des coups
de pied au tambour; il voulait lui casser ses baguettes sur la figure; mais Nanon, par un regard
majestueux, savait contenir la fougue de son sauvage, et calmer d'un mot la fureur de ses trans-
ports jaloux.

— Favori, lui disait-elle en appuyant une main
sur la hanche, ne mettez point z'en doute ma vertu,
ou je romps toute liaison de chants et de conversation; sachez qu'une fille de mon *esphère* peut
danser l'allemande sans faire de faux pas.

Favori baissait les yeux, poussait un soupir,
prenait la main de Nanon, la baisait, s'approchait
de la joue de sa belle, qu'il baisait aussi, recevait
quelquefois un soufflet pour prix de sa témérité, et
s'éloignait le cœur moins ulcéré.

Jean-Jean voulait aussi hasarder quelques
libertés en faisant faire des passes; mais Nanon
avait bec et ongles: elle égratigna un jour le nez
de Courtepointe, et depuis ce moment le tambour
restait dans les bornes du respect.

Cependant cet état de choses ne pouvait durer:
les rivaux se lançaient des œillades menaçantes;
quelquefois même des mots impolis s'échappaient
de leur bouche; Nanon avait peine à les contenir;
en vain elle leur jetait au nez sa vertu et ses
mœurs, ces messieurs n'étaient pas tranquilles; car,

N'est pas toujours femme de bien qui veut.

Favori et Jean-Jean se connaissaient mutuel-
lement pour de terribles séducteurs, ayant fait tré-
bucher la vertu de plusieurs beautés jusqu'alors
réputées pour insensibles; ils devaient donc ne

point se fier aux discours de la sévère Nanon, car la plus cruelle a ses moments de faiblesses; il ne faut que saisir ces moments-là ?...

La chair est faible, et le malin, le tentateur, le démon, le diable enfin, comme il vous plaira de le nommer, aime beaucoup la chair des pucelles et des jolies filles; car c'est avec cela qu'il détourne tant d'âmes du chemin céleste, pour leur faire prendre celui de leur perdition.

Un soir, pendant que Favori, affublé de son costume de sauvage, régalait les nombreux spectateurs qui remplissaient le grand salon de Calot d'une scène dite *la douleur d'un Caraïbe loin du toit paternel*, M. Jean-Jean Courtepointe proposa à la belle Nanon une leçon d'allemande dans une des chambres de M. Desnoyers.

Elle égratigna un jour le nez de Courtepointe. (P. 38.)

Nanon accepte; elle commençait à être d'une certaine force et espérait, le dimanche suivant, déployer ses grâces devant une brillante réunion. On monte dans une chambre au premier, et Nanon, fidèle à ses principes de sévérité fait ouvrir les fenêtres et la porte, afin que M. Jean-Jean ne se permette aucun attouchement indécent.

Le tambour fait monter une bouteille de vin blanc; Nanon en accepte un verre, cela est sans conséquence, et Jean-Jean boit un coup à chaque passe nouvelle.

Soit que le vin fît son effet, soit que la passion du tambour fût parvenue à son dernier période, il se sentait brûler d'une ardeur extraordinaire: il inventait des passes charmantes, les formait avec un fini parfait, et souriait à sa belle avec une expression très voluptueuse; Nanon, échauffée par le vin, électrisée par le talent de son danseur et voulant faire honneur à son maître, se surpassait aussi et tournait comme un toton dans les bras de son tambour.

Mais la roche Tarpéienne est près du Capitole, et le grand salon de Calot est en face de celui de Desnoyers. Favori que l'amour et la jalousie tourmentaient jusque sur le théâtre de sa gloire, aperçoit, au travers de la fenêtre, Nanon se dandinant à côté de son rival.

Ce spectacle le rend furieux: il renverse trois tabourets représentant une hutte sauvage, et un manche à balai, surmonté d'un plumeau, qui figurait parfaitement un palmier; il saute par-dessus ses grosses caisses, tenant sa massue à la main; il enjambe les bancs, monte sur les tables, casse les verres, fait tomber sur le nez un invalide qui buvait son canon, et deux Auvergnats qui frottaient de l'ail sur leur pain.

Il pousse, renverse tout ce qui se trouve sur son passage; il descend l'escalier quatre à quatre: il traverse la rue, entre chez Desnoyers comme un furibond; sa barbe postiche, qui lui a coûté quarante-quatre sous, tombe dans la boutique; il ne s'en aperçoit pas; son pantalon de tricot se déchire au-dessous du bas-ventre; rien ne l'arrête!... il s'agit de se venger d'un rival odieux; il monte... il arrive, il est entre Nanon et Courtepointe, au moment où celui-ci montre une passe dans laquelle on s'embrasse, et le tambour ne baise que l'estomac de Favori, qui lève sa redoutable massue en roulant les yeux comme un tyran de mélodrame.

— Malheureux!... qu'allez-vous faire? dit Nanon d'une voix pathétique en retenant le bras du sauvage prêt à frapper son adversaire.

— V'là z'assez longtemps que vous faites des pirouettes avec ce vilain rataplan... il faut que ça finisse et qu'il sente le poids de ma massue!

Courtepointe était brave, il met son shako sur l'oreille gauche, la main droite sur la poignée de son sabre, et recule deux pas en se haussant sur ses pointes pour mieux mesurer son adversaire.

— Qu'appelles-tu rataplan, mauvais sauvage de la rue Coquenard?... Crois-tu me faire peur avec ta mine de Canada?... Ai-je interrompu tes leçons d'harmonie imitative et ton *peste qu'a tort?* Je danserai l'allemande avec la particulière tant que ça lui plaira.

— Tu ne la danseras plus!...

— Je la danserai, Fifi!

La massue est levée, le sabre tiré; le sang va couler!... Nanon crie, pleure; on ne l'écoute pas, elle se jette entre les combattants, on la repousse; elle s'arrache les cheveux, on laisse faire; elle s'évanouit sur une chaise, on n'y prend pas garde; la chaise glisse, Nanon tombe, son jupon s'accroche, une fesse paraît à découvert... les deux rivaux s'arrêtent spontanément.

— Ce n'est point z'ici, dit Courtepointe, que nous devons vider notre querelle; demain, avant le jour, je serai sur le boulevard en dehors de la barrière...

— C'est convenu, dit Favori.

Ces messieurs se rapprochent alors de Nanon; ils baissent son jupon, la placent sur un banc, lui jettent un verre de vinaigre sur le nez, et s'éloignent dès qu'elle a repris ses sens.

Mais soit que Nanon n'eût pas entièrement perdu connaissance, soit qu'elle devinât les desseins de ses deux poursuivants, elle parut le lendemain au rendez-vous au moment où Favori et Jean-Jean, armés chacun d'un bâton, se disposaient à s'attaquer.

— Ecoutez-moi d'abord, dit Nanon en s'avançant près des deux champions; vous vous battrez ensuite si vous le voulez absolument. Je suis la cause de vos querelles; mon innocence m'a égarée z'en m'entraînant dans des démarches inconséquentes: je ne devais pas tourner avec un tambour et roucouler avec un sauvage. Vous êtes braves tous deux, c'est connu; votre réputation est *fisquée*, je veux rétablir la mienne que vos galanteries ont compromise! Je consens à épouser l'un de vous... si vous mettez bas les armes.

— Ah! Dieu! s'écrièrent en même temps Favori et Jean-Jean en jetant de côté leurs bâtons, choisissez; nous sommes à vos pieds!

— Un instant, messieurs, relevez-vous d'abord, car les commis à la barrière pourraient tirer des conséquences malignes de vos situations. Vous êtes tous deux de *bels hommes*, vous êtes aimables, vous êtes séduisants !... et je flotte entre vous deux; il faut que le hasard en décide. V'là z'une pièce de quinze·sous, prenez-la, et jouez à pile ou face : celui qui gagnera recevra ma main, et l'autre ne me gardera pas plus de rancune qu'un hanneton.

— C'est dit, répètent les deux amants.

Favori prend la pièce de quinze sous, et propose la question à son rival:

— Face! s'écrie Jean-Jean: c'est de ce côté-là que Nanon doit répondre à mes feux.

La pièce vole en l'air; Favori et Jean-Jean sont à terre... ils dévorent la pièce des yeux...

— C'est face ! s'écrie Courtepointe, et d'un saut il se relève pour aller tomber aux genoux de Nanon.

Favori est consterné, mais enfin il prend son parti, et, en homme d'honneur, s'approche du couple amoureux et unit lui-même Nanon au tambour.

Tout le monde s'embrasse, et on se dirige vers le beau salon du Grand-Saint-Martin pour consacrer la matinée au plaisir et faire un déjeuner copieux.

Il fait à peine jour, mais les traiteurs de la Courtille sont ouverts à toute heure. Courtepointe, qui régale, fait mettre dix casseroles sur le feu, tuer trois lapins, plumer six pigeons, et monter du vin à quinze. On se livre à la gaieté, et les futurs époux se prodiguent des caresses. Favori est incapable de manquer à ses engagements; mais il a un cœur, et toutes les fois que Jean-Jean baise la joue à Nanon, il sent son pauvre cœur défaillir.

Pour se distraire et noyer sa douleur, il se verse force rasades; mais le vin n'éteint point ses feux;

bien au contraire, il augmente, il redouble son ardeur amoureuse. Comment donc faire? fuir le tableau de deux amants heureux; c'est ce que fait Favori; il sort de la salle, allume sa pipe à la cuisine, et va prendre l'air sur le devant de la porte.

CHAPITRE IV.

MÉPRISE. — SUZON PERDUE.

Une femme descend de Belleville à grands pas; sa démarche un peu cavalière, son bonnet sur l'oreille et sa robe retroussée jusqu'aux jarretières, donnent dans l'œil au sauvage, qui, comme vous savez, était dans des dispositions fort tendres.

Favori admire une jambe un peu forte, mais bien proportionnée, une taille élancée, des yeux qui n'expriment point la timidité, et que les fumées du vin lui font trouver agaçants.

— Voilà mon affaire, dit le sauvage; et il marche sur les pas de Gustave (vous avez dû le reconnaître à sa mise et à sa tournure).

— Un mot et un verre de vin, dit Favori en approchant de sa belle.

— Passe ton chemin.

— Vous êtes trop séduisante pour qu'on vous laisse aller seule.

— Passe ton chemin, tu m'ennuies.

— Je vous adore... j'ai un écu à dépenser avec vous...

— Va-t-en au diable!

Favori ne se rebute pas; il marche près de Gustave et lui pince le derrière; celui-ci se retourne et lui donne un soufflet.

— Ho! ho! dit Favori, de la rigueur! ça m'est égal, il faut que je te possède; je l'ai mis dans ma tête, et je ne te jouerai point à pile ou face, parce qu'il ne sera pas dit que toutes les femmes me passeront devant le nez ce matin... Or donc, pour ne pas faire *chou blanc* avec toi, je t'enlève!...

Gustave veut se débattre, mais Favori, taillé en Hercule, en aurait enlevé trois comme notre héros; il prend Gustave sous le bras et l'emporte en courant. Gustave crie, mais la rue est encore déserte, et d'ailleurs, dans le quartier de la Courtille, on est tellement habitué à entendre crier qu'on n'y fait pas attention.

Le sauvage se sauvait avec Gustave dans ses bras, sans écouter les cris et les protestations de notre héros, qui jurait à Favori qu'il se trompait. Favori allait entrer dans une petite ruelle, au bout de laquelle était son logement, lorsque deux paysannes, montées sur leur âne, et portant à Paris des œufs et du lait, débouchèrent de la rue où entrait Favori.

Le sauvage, qui n'avait pu les voir venir, se jette brusquement sur le premier âne qu'il rencontre, renverse la paysanne de dessus sa monture, et fait couler le lait dans le ruisseau. Cet accident permet à Gustave de se débarrasser un moment des bras du sauvage; il se relève et veut fuir...

Favori court après lui, l'âne de la seconde pay-

sanne barre le passage à Gustave; notre héros
prend son élan, espérant franchir aisément les
paniers; mais sa robe s'embarrasse dans ses
jambes, il tombe lourdement sur les œufs des-
tinés aux habitants de la ville; le baudet effrayé
se jette à genoux et la villageoise roule avec Gustave au milieu d'une mare de lait et des œufs
cassés.

En roulant avec l'âne et les paysannes, notre
héros avait laissé voir certaines parties de son indi-
vidu, car vous savez, lecteur, qu'il avait perdu sa
culotte dans le pavillon de Julie; Favori ne voit
pas ce qu'il cherchait et aperçoit ce qu'il ne cherchait point. Dès lors son ardeur s'éteint; il ne
songe plus qu'à fuir pour éviter de payer le dégât.

Les paysannes se débarrassent enfin de leurs
ânes; elles crient: *Au secours! au voleur!* le sauvage est déjà loin; elles n'ont plus que Gustave
pour payer le lait renversé et les œufs cassés; mais
Gustave s'est relevé, il roule ses jupons autour de
son corps et se sauve vers la barrière. Les paysannes abandonnent ânes, paniers, œufs et lait,
pour courir après Gustave.

Notre héros avait de l'avance; il passe la barrière, descend le faubourg; les paysannes le pour-
suivaient, criant aux passants: Arrêtez c'te voleuse
qui nous doit des œufs et du lait.

Les badauds s'amassaient, regardaient Gustave,
riaient et ne l'arrêtaient point. Les petits polissons
couraient avec les villageoises; il faisait grand
jour, la foule des coureurs allait toujours en aug-
mentant, et on était dans l'intérieur de Paris.

Gustave, craignant d'être arrêté par une popu-
lace grossière et de devenir l'objet des huées uni-

verselles, ranime son courage et court avec une
légèreté surprenante. Il laisse bien loin de lui les
paysannes et les curieux; il prend au hasard le
chemin qui se présente; il descend la rue du Temple,
tourne à droite, et descend encore, fait plusieurs
détours; enfin, épuisé de fatigue, il s'arrête: une
jeune femme ouvrait sa boutique, il entre chez elle
et se jette sur la première chaise qu'il aperçoit,
avant que la marchande étonnée ait eu le temps de
lui faire une question.

— De grâce, madame, sauvez-moi!... mettez-
moi à l'abri des poursuites de toute cette canaille!...

— Mais en vérité... madame... monsieur... mais
je ne sais pas qui vous êtes!...

— Je suis un étourdi, madame; mais je ne
suis que cela, vous pouvez sans crainte me recevoir chez vous.

— Ah, mon Dieu!... cette voix... ces traits...
mais, oui, c'est vous... c'est M. Nicolas Toupet !...

— Quoi !... c'est madame Henry !... la jolie
mercière de la rue aux Ours.

— C'est moi-même, monsieur !... Ah ! la singulière rencontre!... mais cette pauvre petite!... ah!
courons bien vite la prévenir!...

Madame Henry laisse Gustave dans la boutique
et monte au premier où elle couche avec la jeune
fille qu'on lui a confiée. Depuis la veille seulement,
Suzon était chez madame Henry; mais deux
cœurs sensibles s'entendent bien vite. La mercière était d'un âge et d'une figure à inspirer de
l'amour; elle devait donc être indulgente pour
les fautes que cette passion fait commettre.

Suzon n'avait pas fait toutes ces réflexions,

mais elle avait regardé madame Henry après le
départ du colonel et de la femme de charge; elle
s'était mise à pleurer; la petite mercière l'avait

— De grâce, madame, sauvez-moi !... (P. 48).

consolée en lui demandant le récit de ses peines;
la douce voix de madame Henry portait à la confiance; quand on est loin de son amant, c'est une

consolation de parler de lui: Suzon avait conté naïvement toutes ses aventures.

Madame Henry avait plaint Suzon, puis elle avait jeté un cri de surprise au nom de Nicolas Toupet, que la petite ne voulait point épouser.

— Mais je le connais, ce M. Nicolas; je me suis trouvée avec lui à une noce à la Villette.

— En vérité, n'est-ce pas qu'il est laid, gauche, bête?....

— Mais au contraire, il est joli garçon, aimable, spirituel!... il danse à ravir...

— Nicolas? il ne sautait jamais en mesure... il est lourd!... il sait à peine faire un avant-deux!...

— Vous plaisantez! c'était le plus beau danseur de la noce!...

— Il est poltron comme un lièvre!

— Poltron!... il a rossé un garçon ébéniste qui lui cherchait querelle!... il aurait battu tout le monde si on l'avait laissé faire!

— Il est donc bien changé!... mais est-ce bien Nicolas que vous avez vu?

— Certainement, Nicolas Toupet d'Ermenonville, qui devait épouser la fille de M. Lucas!...

— Oh! c'est lui!... mais il ne m'épousera point... J'aimerais mieux mourir que d'être sa femme!...

— Ah bien! je ne suis pas de votre avis, et s'il m'aimait, moi, je l'épouserais volontiers!...

— Ah! madame! si vous connaissiez M. Gustave, le neveu du colonel de Moranval, vous verriez quelle différence il y a de lui à ce vilain Nicolas!

— Je n'ai jamais vu le neveu de M. le colonel;

il peut être fort bien, mais je ne conviendrai
jamais que Nicolas soit vilain!

Les avis étaient restés partagés, quoique au
fond madame Henry fût de l'avis de Suzon; mais
ces dames ignoraient l'espiéglerie de Gustave.
Suzon, un peu plus calme après avoir raconté
ses aventures, avait promis à madame Henry de
suivre ses conseils, et d'être soumise et sage. On
s'était juré amitié et confiance. Suzon cherchait
à fortifier son courage, elle comptait sur la pro-
messe du colonel, qui lui avait dit qu'elle reverrait Gustave.

Cependant la petite avait passé toute la nuit
à pleurer: c'était la première fois qu'elle couchait
loin de Gustave depuis son départ d'Ermenonville.
Que cette nuit lui parut longue! Que le temps
marche lentement loin de ce qu'on aime!

Le lendemain matin, madame Henry qui avait
entendu les sanglots de Suzon, se leva bien doucement pour ne point éveiller la petite, que la
fatigue venait d'endormir. Elle descendit seule
ouvrir sa boutique; c'est alors que Gustave y
entra brusquement.

La mercière croit devoir prévenir Suzon de
l'arrivée de celui qu'elle prend toujours pour
Nicolas Toupet. Elle monte près de la petite, et
lui apprend que celui qu'elle déteste est en bas.

— O ciel! s'écrie Suzon; ah! madame, je vous en
prie, ne lui dites pas que je suis chez vous... Il
vient me chercher sans doute?

— Je ne sais point encore ce qu'il vient faire...
il est déguisé... il est en femme...

— En femme!... c'était pour ne pas me faire si
peur!...

— Ne craignez rien, je ne lui dirai pas que vous êtes chez moi; je vous ai prévenue afin que vous ne descendiez pas... Restez ici ...Allons, pourquoi trembler? je vous dis qu'il ne saura rien.

Madame Henry redescend près de Gustave. Mais Suzon n'est pas rassurée: l'arrivée de Nicolas chez la mercière est aux yeux de la petite la preuve que son futur veut encore l'épouser : elle se lève, elle s'habille; sa tête travaille, il lui semble toujours entendre Nicolas monter l'escalier; à chaque instant sa frayeur augmente: elle fait à la hâte un paquet de ses effets, elle ouvre la porte bien doucement, descend par un escalier dérobé qui conduit dans l'allée : cette allée donne sur la rue, Suzon se glisse du côté opposé à la boutique, puis court avec son léger paquet sous le bras; elle ne sait point où elle va, mais elle croit fuir Nicolas!...

Gustave se reposait dans la boutique, sans se douter que Suzon fût si près de lui. Il voyait avec plaisir que l'on avait perdu sa trace. Madame Henry revint.

— Il faut, madame, lui dit Gustave, que vous me rendiez un grand service, c'est de me procurer des habits d'homme, car je ne puis rester sous ce costume.

— Je voudrais vous obliger dit madame Henry; mais je suis jeune et je tiens à ma réputation. Que penserait-on de moi dans le quartier si j'empruntais ou achetais des habits d'homme? Vous ne pouvez d'ailleurs, monsieur, vous déshabiller chez moi.

— N'avez-vous pas une arrière-boutique!

— Oui, mais de la boutique on vous verrait;

il peut entrer du monde à chaque instant; cela
serait fort indécent.

— Vous couchez dans une autre pièce?

— Vous ne pouvez y entrer: j'ai sur mon carré
des voisins fort méchants, ils pourraient vous
apercevoir!... et que dirait-on?...

— Ainsi, madame, vous voulez que je sorte
sous ce bizarre accoutrement, que tous les polissons courent après moi, que la garde m'arrête!...

— D'abord je pourrais vous dire: Pourquoi
avez-vous pris ce déguisement?

— Ah! madame, les circonstances nous maî-
trisent!... nous sommes le jouet des événements...
Tel sort pour dîner en ville qui trouve son ami
mort, et va à un enterrement; celui-ci se rend
au bal: en decendant dans sa cour, une tuile se
détache du toit, elle tombe sur sa tête, notre
homme est reporté chez lui, il garde le lit au lieu
de danser.

Tel autre croit passer la soirée dans une
société agréable, sort bien paré, et est éclaboussé
par une voiture; crotté de la tête aux pieds, il
est forcé de rentrer chez lui pour changer de
vêtements; il trouve sa femme qui ne l'attendait
point, et qui joue à l'écarté avec un cousin; le
monsieur n'aime ni le cousin ni l'écarté; il se
fâche, prend de l'humeur; le cousin s'éloigne, alors
la femme fait une scène à son mari; elle l'appelle
monstre, tyran, lui reproche sa jalousie; elle a
des attaques de nerfs ; le pauvre époux est obligé
de courir chez l'apothicaire chercher de l'éther
et de la fleur d'oranger, et il passe à soigner sa
femme une soirée qu'il comptait employer à faire
un boston et à boire du punch.

Après cela faites donc des projets!... Quant à moi, madame, je puis vous assurer qu'en sortant hier de chez moi, je ne m'attendais pas à y rentrer en femme!... mais le feu a consumé mes vêtements, et quoique j'aie fort peu de grâce avec ceux-ci, j'ai jugé qu'il était plus convenable de se couvrir d'une robe que de ne point se couvrir du tout; j'ai sacrifié mon amour-propre à la décence; voilà pourquoi je me suis déguisé sans être en carnaval. Eh bien! madame, suis-je encore aussi blâmable à vos yeux?

— Un peu moins sans doute. Mais vous n'arrivez donc pas d'Ermenonville?

— D'Ermenonville!... et que voulez-vous que j'y aille faire?...

— Est-ce que vous ne demeurez plus chez M. Lucas?...

— Chez M. Lucas!... ah! je vois d'où vient votre erreur; mais je dois la faire cesser. Vous allez encore me gronder... me trouver bien étourdi... Apprenez que je n'ai jamais été Nicolas Toupet...

— Quoi! monsieur, vous n'êtes pas ...

— Non, madame; j'avais pris ce nom, ne voulant pas être connu à la noce où M. Ledru m'a conduit...

— Se pourrait-il!... c'est donc pour cela que cette pauvre Suzon me soutenait que Nicolas Toupet...

— Suzon!... Suzon!... ah! ma chère madame Henry, la connaîtriez-vous?

— Oui, monsieur, je connais Suzon.

— Petite, bien faite, fraîche, jolie?... ah! ma-

dame Henry, où est-elle? de grâce!... l'avez-vous
vue? savez-vous où on l'a enfermée?

— Eh! mon Dieu! quelle vivacité! quels trans-
ports!... mais qui donc êtes-vous enfin, puisque
vous n'êtes pas Nicolas?

— Celui à qui Suzon a tout sacrifié, celui pour
qui elle a quitté parents, amis, patrie... Gustave
le neveu du colonel de Moranval...

— Vous, Gustave! ah! j'aurais dû le deviner.

— Suzon serait-elle chez vous?... oui... j'en suis
sûr; je le vois à votre embarras... Vous craignez
en me laissant lui parler, que mon oncle vous
fasse des reproches... mais il ne saura rien... Que
je la voie... cinq minutes seulement... et je pars.

— Ah! je vois bien qu'il faut vous céder, car
vous feriez quelque nouvelle folie... Attendez-moi,
je vais lui dire de descendre.

Madame Henry monte à sa chambre: quel est
son étonnement de ne plus trouver Suzon! Elle
parcourt la maison, appelle, s'informe chez ses
voisins: peine inutile, la petite était déjà bien
loin. La mercière, désolée, redescend près de Gustave.

— Ah! mon Dieu!... voilà bien une autre
affaire!... Suzon est partie!... elle n'est plus chez
moi...

— Partie!... quoi! depuis que je suis chez vous?

— Ah! je devine le motif de sa fuite: j'étais
montée la prévenir de l'arrivée de celui que je
croyais être Nicolas Toupet: elle a cru qu'on
venait la chercher... elle a fui pour ne pas retourner avec l'homme qu'elle déteste...

— Pauvre Suzon!... c'est encore moi qui cause
ton malheur... Où est-elle?... sans argent... sans

ressource... dans une ville qu'elle ne connaît pas...
que va-t-elle devenir?...

— Consolez-vous, monsieur Gutave, elle revien-
dra chez moi je l'espère, et je vous promets de
vous le faire savoir.

— Puissiez-vous dire vrai ! Veuillez me procurer
une voiture; je vais me faire conduire à l'hôtel...

— Que dira votre oncle en vous voyant ainsi
vêtu?

— Il criera, s'emportera et finira par s'apaiser.
Lorsque j'aurai changé de costume, je me remet-
trai en route pour chercher Suzon... et je réponds
bien que tous les fiacres de la ville ne parvien-
dront point à me faire dévier de mon chemin.

CHAPITRE V.

PROJET DE MARIAGE.

Madame Henry alla chercher une voiture; Gustave se cacha dans le fond, et, après avoir remercié la compatissante mercière, il se fit conduire à l'hôtel du colonel.

Gustave descend dans la cour de l'hôtel, ordonne au portier de payer le cocher et se sauve dans sa chambre. Benoît et son père étaient restés ébahis devant le fiacre. Gustave, qu'on n'a point vu depuis la veille, et qui reparaît habillé en femme! quel nouveau sujet de conjectures pour les domestiques!

Pendant que le portier paye le cocher, Benoît s'empresse d'aller raconter au colonel que son neveu vient de rentrer avec un jupon crotté, une robe déchirée et un bonnet qui a trempé dans des jaunes d'œufs.

Le colonel n'avait pas vu Gustave depuis son entrevue avec Suzon; il ne doutait point que son neveu n'eût passé la nuit à chercher la jeune villageoise, et il avait préparé un sermon très sévère, par lequel il espérait ramener le jeune homme à la raison: mais il ne sut plus que penser en apprenant que son neveu revenait déguisé, en femme.

Le colonel monte chez Gustave, dans l'intention de le tancer vertement sur le dérèglement de sa conduite... Gustave était au lit: il comptait employer sa journée à chercher Suzon; mais le sort devait encore l'empêcher d'accomplir son dessein: le seau d'eau du jardinier, sa fuite en chemise dans les champs, la légère robe de taffetas, et la course forcée depuis la barrière de Belleville jusqu'à la rue aux Ours, avaient totalement dérangé la santé de notre héros, qui ne ressemblait point aux héros chantés par Homère, lesquels étaient toujours vainqueurs parce qu'ils étaient invincibles.

O vous, bouillant Achille! qui n'étiez mortel que par le talon (ce dont le poète grec ne convient pas); vous, sauvage, Philoctète! dont les flèches ne pouvaient manquer d'arriver droit au but; vous, éloquent Ulysse! qui saviez si bien prendre toutes les formes; vous, superbe Agamemnon! qui laissiez égorger votre fille pour vous rendre les dieux favorables; vous, séduisant Pâris! protégé par Vénus; et vous, audacieux Télémaque! que Minerve enveloppait d'un nuage lorsque vous vous trouviez dans la mêlée, je vous félicite d'avoir inspiré le divin Homère.

De notre temps, vos fanfaronnades ne seraient plus des prouesses de valeur; pour marcher au combat, nous n'avons pas besoin de talisman; nous n'y croyons pas d'ailleurs, et nos soldats montent à l'assaut au milieu d'une grêle de balles, sans invoquer le caducée de Mercure ou le bouclier de Minerve.

Gustave écouta donc sans l'interrompre le sermon de son oncle, car la fièvre avait abattu ses esprits; et notre frêle machine est tellement soumise aux infirmités' de la vie, que le plus grand génie lorsqu'il est malade conserve rarement sa supériorité.

Charles XII, l'homme le plus courageux, le plus entreprenant de son siècle, se laissa emporter comme un enfant, loin des champs de Pultawa, moins abattu par sa défaite qu'affaibli par sa blessure: et le farouche Cromwell, qui faisait trembler tous ceux qui l'environnaient, devenait, dit-on, plus traitable lorsqu'il avait un accès de fièvre.

Le colonel s'aperçut de l'état de son neveu, alors il cessa ses reproches, il oublia sa colère, et envoya chercher un médecin. Au bout d'une heure le docteur arriva: il examina Gustave, le tâta, lui fit tirer la langue, considéra ses urines, et prononça, avec beaucoup de gravité, que le lendemain on connaîtrait probablement la maladie qui allait se déclarer.

Le lendemain, la maladie se fit connaître au docteur, qui apprit au colonel que c'était une fluxion de poitrine. Le colonel fut au désespoir; car il aimait son neveu, tout en le grondant; il déclara au médecin que si Gustave mourait, il se brûlerait la cervelle. Le docteur salua le colonel, et ne revint plus à l'hôtel; il craignait d'être cause d'un suicide.

M. de Moranval convoqua d'autres docteurs, consulta toute la faculté; enfin Gustave fut sauvé

après six semaines de danger: mais la convales-
cence devait être fort longue. Lorsqu'il fut en état
de rappeler ses souvenirs et de promener ses
regards dans sa chambre, Gustave pensa à Suzon;
il ordonna à Benoît de prier, de sa part, son oncle
de venir le voir.

Le colonel se rendit de suite aux désirs de son
neveu.

— Enfin, tu es sauvé! dit M. de Moranval en
allant embrasser Gustave.

— Oui, mon oncle; mais elle, qu'est-elle devenue?

— Qu'est-ce que c'est que *elle?*

— C'est Suzon, mon oncle; c'est cette pauvre
petite que je tenais cachée dans cette chambre,
dont vous l'avez fait sortir pour la conduire chez
une mercière. Elle s'est sauvée de chez madame
Henry, me prenant pour Nicolas Toupet... Que
sera-t-elle devenue dans cette ville immense?...

— Je l'ignore, et la disparition de cette jeune
fille m'a fait beaucoup de chagrin... mais enfin je
n'en suis pas cause. Est-ce que tu aimes encore
cette jeune villageoise?

— Oui, mon oncle, plus que jamais!...

— Et Eugénie, madame Fonbelle?...

— Oh! celle-là est bien aimable, mais elle ne
m'aime point: s'est-elle informée de moi depuis que
je suis malade?

— Certainement, et fort souvent même.

— En vérité!... ah! si Suzon l'avait su, elle
serait venue me garder.

— Allons! oublie Suzon qui ne pense plus à toi,
et songe à Eugénie.

— Suzon ne pense plus à moi!... oh! vous la jugez mal, mon oncle; elle est incapable de changer.

— Tu dis toi-même que l'absence éteint l'amour!...

— Oui, quand il est léger.

— Que les femmes d'ici sont inconstantes.

— Ah! Suzon n'est pas de Paris.

— Est-ce pour la retrouver que tu étais déguisé en femme?

— Mon oncle, six semaines au lit laissent le temps de penser!... J'ai fait des réflexions; j'ai comparé toutes les femmes que j'ai connues... l'avantage est resté à Suzon.

— Cela n'empêche pas que si tu possédais Suzon, dans un mois tu lui ferais infidélité.

— Je ne crois pas, mon oncle.

— Et moi, j'en suis sûr. Mais guéris-toi; alors si tu es en effet raisonnable, tu renonceras aux folies passées, et tu te marieras pour n'être pas tenté d'en faire d'autres.

— Ah! mon oncle, vous êtes un terrible marieur!

Gustave se rétablissait lentement, chaque jour madame Fonbelle envoyait s'informer de la santé du jeune malade; Gustave était sensible à ces attentions, et peu à peu le souvenir de Suzon faisait place à l'image d'Eugénie.

Enfin Gustave fut en état de sortir. Sa première visite fut pour madame Henry.

— Avez-vous revu Suzon? lui dit-il en entrant dans sa boutique.

— Ah, monsieur! comme vous êtes changé!...

— Répondez-moi, madame Henry, savez-vous ce qu'est devenue Suzon?

— Non, monsieur, je ne l'ai point vue depuis votre arrivée en femme dans mon magasin.

— Pauvre enfant !... où donc est-elle maintenant ?...

— Chez ses parents peut-être...

— Ah ! je le voudrais... et mon oncle, que vous a-t-il dit ?...

— Il s'est fâché... m'a grondée... mais je lui ai conté toute la vérité, et il a bien vu qu'il n'y avait pas de ma faute.

Gustave s'éloigne tristement de chez madame Henry, et se rend chez madame Fonbelle ; Eugénie laisse éclater tout le plaisir que lui fait son rétablissement, et lui témoigne le plus grand intérêt ; Gustave trouve Eugénie encore plus séduisante, et il rentre à l'hôtel en songeant au projet favori de son oncle.

En descendant de voiture pour entrer chez lui, Gustave trouve son portier se disputant avec un petit Savoyard de quatorze à quinze ans, qui avait placé sa sellette contre la porte de l'hôtel.

— Que vous a donc fait cet enfant ? demande Gustave.

— Monsieur, il se place avec sa boutique à cirage contre ma porte cochère... cela fait des ordures... On se donne du mal pour nettoyer, et ce polisson viendrait salir mon pavé ! Voyez comme il est noir !... il paraît que, non content de décrotter les souliers, il ramone aussi les cheminées...

Le petit bonhomme baissait la tête et ne répondait pas. Gustave en eut compassion.

— Monsieur Benoît, pourquoi chasser cet en-

fant, s'il trouve à cette place les moyens de gagner
sa vie ? la rue est libre... je veux qu'il reste là.

— Mais, monsieur...

— Taisez-vous. Tiens, petit, voilà pour toi; je
veux te porter bonheur.

Gustave jette un écu au petit bonhomme et
s'éloigne, laissant le Savoyard bien content et le
portier très sot.

Notre héros se rétablissait; il avait repris, avec
sa santé, sa vivacité et son ardeur amoureuse.
Eugénie était l'objet de ses désirs; il passait
presque tous ses moments auprès d'elle; il lui
faisait une cour assidue. Eugénie répondait à
l'amour de Gustave; mais elle n'accordait aucune
faveur, et se fâchait lorsqu'on voulait cesser d'être
sage.

Il fallait aussi, pour satisfaire Eugénie, que Gustave rompît avec ses anciennes connaissances. Plus
de Lise, plus d'Olivier, plus d'infidélités et d'étour-
derie; voilà les conditions qu'Eugénie imposait à
son amant. Elles devaient paraître fort naturelles
à tout autre, mais pour Gustave, elles étaient un
peu rigoureuses. Cependant notre héros, toujours
plus épris, avait juré de tenir ses promesses, et
Eugénie avait promis sa main à Gustave.

— Cette femme-là est un peu exigeante, disait
quelquefois Gustave en rentrant chez lui. Elle m'a
témoigné de l'humeur ce soir, parce que j'ai causé
avec une dame pendant qu'elle faisait de la
musique; je ne puis cependant rester en société
sans parler, à moins de passer pour un imbécile ou
un pédant... Eugénie est jalouse !... mais c'est une
preuve d'amour, il faut donc lui pardonner cela.

Le colonel était enchanté de voir que son neveu

allait se marier; déjà le terme était fixé : le projet
de cette union n'était plus un mystère, et Gustave
accompagnait partout madame Fonbelle.

Toutes les fois que Gustave rentrait chez lui,
il trouvait devant la porte son petit Savoyard. Le
petit bonhomme le saluait, et ne quittait sa place
qu'après l'avoir vu rentrer.

Encore trois semaines, et Gustave devenait
l'époux d'Eugénie; le colonel formait déjà ses plans
pour le bonheur des futurs époux; M. de Grancière était de moitié dans les projets de son ami;
Eugénie faisait des emplettes de robes, d'étoffes,
de rubans; et Gustave soupirait et trouvait le
temps long. Encore trois semaines!... mais que
d'événements peuvent arriver dans cet espace de
temps!

CHAPITRE VI.

INTRIGUES DE FEMME. — JALOUSIE. RENCONTRES FATALES.

— Vous m'accompagnerez ce soir chez madame de Saint-Clair, dit un matin Eugénie à Gustave; on y fait de la musique, et depuis longtemps on désire vous entendre chez cette dame.

— Je n'aime pas votre madame de Saint-Clair; cette femme-là vous accable de démonstrations d'amitié, de protestations d'attachement, de compliments outrés!... Croyez-vous, de bonne foi, qu'elle pense ce qu'elle dit?

— Vous savez bien, Gustave, que j'apprécie les liaisons de société ce qu'elles valent en effet; et madame de Saint-Clair est à mes yeux une simple connaissance. Mais ses réunions sont brillantes; on s'y amuse (ce qui est rare dans les cercles nombreux), parce qu'on ne trouve point chez elle cette sévère étiquette, ce froid cérémonial qui tuent la gaieté et chassent le plaisir. Venez-y: cela fera plaisir à votre oncle et à mon père.

— Je suis à votre disposition, ma chère Eugénie.

— Oui, je le sais, tant que nous ne serons qu'a-
mants; mais une fois époux!... c'est moi qui devrai
toujours être à la vôtre. Tenez, Gustave, quand je
pense au changement que le mariage apporte dans
la conduite des hommes, ah! je tremble d'avance...
Mon ami, nous ne devrions pas nous marier...

— Quelle folie!... vous savez combien je vous
aime... et vous me croyez capable de changer!...

— Oh! très capable!... je suis si heureuse maintenant!... pourquoi ne point rester où nous en
sommes?...

— Non pas! à moins que vous ne m'accordiez
tous les droits d'un mari.

— Ah! Gustave, vous n'y pensez pas: ce sont
justement ces privilèges accordés au mari, qui font
souvent fuir l'amour et le plaisir!... Si, au contraire, un époux n'avait pas plus de droits qu'un
amant, l'hymen alors conserverait, malgré le
temps, tous les charmes du premier jour.

— Ma chère Eugénie, vous ne me convertirez
point; il faut que vous soyez ma femme ou ma
maîtresse...

— Quelquefois on n'aime ni l'une ni l'autre: on
garde une maîtresse par habitude et une femme
par nécessité. Ce n'est qu'une amie qui peut
espérer d'être toujours vue avec plaisir. Je voudrais n'être que cela pour vous: mais je vous aime
d'amour!... c'est bien dommage.

— Entre deux personnes de sexe différent, on
voit rarement des liaisons qui ne soient que
d'amitié, à moins que ce sentiment ne devienne
la suite de rapports plus intimes.

— Allons, je serai votre femme, Gustave, mais
je suis jalouse!... et je ne veux pas que votre

amour se change bientôt en amitié... J'ai vraiment peur de faire votre malheur!... plus le moment approche, plus je sens que je deviens exigeante, inquiète...

— Vous ne parviendrez pas à être méchante!...

— Non, mais je vous aimerai trop peut-être!... et c'est un grand défaut que cela!... Ah, mon ami! que de femmes n'ont point eu d'autres torts aux yeux de leurs maris!

— Je ne serai pas comme ces maris-là.

— A ce soir, Gustave; je vais songer à ma toilette.

Gustave revient à l'hôtel. Il songe en chemin aux réflexions d'Eugénie: il ne pense pas pouvoir jamais cesser de l'aimer ; il ne craint pas qu'elle fasse un jour son malheur; mais il va se marier... Se marier! lui qui si souvent a tourné ce lien en ridicule, qui a fait tant de plaisanteries sur les maris, qui leur a joué plus d'un tour et a grossi le volume de leurs mésaventures; il va lui-même porter ce titre d'époux qu'il a méconnu et bravé cent fois!

Cette idée le tourmente: après avoir effrayé les autres, il tremble pour lui-même: *par pari refertur*; cet axiome le chagrine. Or, mesdames, c'est une imitation de la morale évangélique: Ne fais point à autrui ce que tu crains pour toi-même.

C'est en partant de ce principe que chez quelques nations, et particulièrement chez les sauvages, on ne punit les criminels que par la peine du talion; loi fort sage et qui devrait être en vigueur chez tous les peuples policés.

Gustave rentrait donc, livré à des pensées presque mélancoliques. Il aperçoit devant sa porte son petit Savoyard, qui, assis sur la borne, tenait un mouchoir sur ses yeux, et paraissait accablé de douleur.

— Qu'as-tu donc, mon ami? demande Gustave au petit bonhomme.

Le Savoyard ne répondait pas et continuait de sangloter.

— Monsieur, dit Benoît en approchant de son maître, j'vais vous dire ce que c'est: en causant tout à l'heure avec mon père nous avons parlé de votre prochain mariage... de la noce... de votre épouse... des enfants que vous aurez... de la culotte que vous mettrez ce jour-là...

— Ah! tu parles de tout cela avec ton père?

— Oui, monsieur, parce que, comme je veux vous faire honneur, je dois acheter une épée de hasard pour mettre à mon côté pour aller à l'église... et comme je suis jeune... si vous voulez que je quête...

Qu'as-tu donc, mon ami? demande Gustave au petit bonhomme (P. 63).

— Allons, Benoît, finis tes sottises... et ne t'avise pas surtout de mettre une épée...

— Ah! mon père doit aussi se faire couper la queue pour le jour de la cérémonie... et prendre la

titus; vous savez bien, monsieur, qu'il a maintenant des ailes de pigeon...

— Auras-tu bientôt fini?...

— M'y voilà, monsieur; nous en étions donc sur
les costumes de votre mariage. Ce Savoyard s'approche de nous assez familièrement et nous demande
quelle est la personne qui doit se marier. Je ne vous
eus pas plutôt nommé qu'il est devenu pâle...
rouge... jaune... c'est-à-dire, il était toujours noir;
mais à travers la suie qui le couvre, j'ai vu qu'il
changeait de couleur, et depuis ce temps il s'est
mis à pleurnicher... comme vous voyez. Ah! je
vois c'que c'est; il craint que madame votre épouse
le trouve trop laid pour le laisser à c'te porte...

— Benoît...

— Monsieur?

— Va-t'en.

Benoît s'éloigne en donnant au diable le Savoyard
qui lui vole des profits, parce que souvent Gustave
charge le petit bonhomme de commissions; le
jeune Savoyard s'en acquitte toujours mieux que
Benoît et comprend fort bien ce que Gustave lui
dit, quoique d'ordinaire il reçoive ses ordres les
yeux baissés et sans prononcer un mot.

— D'où vient ton chagrin, mon ami? dit Gustave
en faisant signe au jeune commissionnaire de le
suivre dans la cour de l'hôtel: craindrais-tu que
l'on te renvoyât de ta place? rassure-toi: quand je
monterai ma maison, je te prendrai chez moi, tu
seras mon petit jockey; cela te plaît-il?...

Le petit bonhomme ne répond pas; mais il saisit
la main de Gustave, la baise à plusieurs reprises,
et s'éloigne brusquement. Gustave est ému; il ne
conçoit rien à la douleur et à l'affection que lui

témoigne ce pauvre garçon, mais bientôt le souvenir d'Eugénie et de son mariage chasse le Savoyard de sa pensée.

La soirée est venue. Gustave va prendre Eugénie et son père; le colonel ne veut point sortir, il se ressent de légères douleurs de goutte.

On se rend chez madame de Saint-Clair. La réunion était nombreuse; Gustave est accueilli avec beaucoup de politesse: mais notre héros croit lire dans les yeux de madame de Saint-Clair l'expression d'une joie maligne. Cette dame, quoique peu jolie, avait beaucoup de prétentions.

Dans les réunions de M. de Grancière elle avait témoigné à Gustave des attentions, des préférences si marquées, qu'il avait facilement deviné ses sentiments: mais madame de Saint-Clair ne lui plaisait point; il avait donc feint de ne pas la comprendre. Cependant il craignait avec raison son ressentiment: les femmes pardonnent à un homme qu'elles n'aiment pas de leur faire la cour, elles ne peuvent pardonner à celui qu'elles distinguent de ne point répondre à leur amour.

L'éclat des bougies, les toilettes, la musique, tout donnait à la réunion un air de fête. Parmi les dames assises dans le salon, Gustave regarde avec inquiétude s'il ne rencontrera pas quelqu'un de connaissance. Sachant déjà combien Eugénie est jalouse, il veut lui éviter des chagrins.

Heureusement il n'aperçoit point de connaissance intime; il est plus tranquille. Eugénie, dont on connaît la jolie voix, est bientôt au piano, et Gustave, qui ne doit pas encore l'accompagner, va se placer sur une chaise qui se trouve libre entre une vieille douairière et une femme ayant un grand chapeau qui cache presque toute sa figure. Eugénie regarde où se place Gustave, et lui sourit ensuite tendrement.

— Allons, dit-il, elle est contente; nul doute alors que la dame au grand chapeau ne soit laide.

Pendant que l'on chante, Gustave adresse à sa voisine quelques mots insignifiants, de ces phrases dont on fait un échange habituel dans le monde et qui ne fatiguent ni l'esprit ni le cœur.

Cependant la dame au chapeau ne répond pas:

— C'est singulier, se dit Gustave; il est pourtant d'usage en société de répondre à ceux qui nous parlent, et je n'ai rien dit à cette dame qui puisse l'offenser... serait-elle sourde, serait-ce aussi une grand-maman?

Il avance un peu la tête et cherche à voir sous le chapeau; c'est une jeune femme, mais elle n'est pas jolie: son visage est couperosé et paraît abîmé par des coutures et des cicatrices.

Gustave se retourne déterminé à ne plus adresser la parole à sa silencieuse voisine, lorsqu'une voix bien douce, une voix bien connue sort de dessous ce grand chapeau; elle ne dit que ces mots:

— Il est donc vrai, Gustave, que vous ne me reconnaissez point!...

Et ces accents ont retenti jusqu'au fond du cœur de Gustave; il se retourne brusquement, un cri va lui échapper... la même voix se fait entendre:

— Prenez garde, Gustave, on a les yeux sur nous...

— Quoi!... ce n'est point une illusion... c'est vous, ma chère Julie?...

— Oui, c'est moi... c'est toujours Julie, quoiqu'elle soit méconnaissable!...

— Ah! mon amie, pardonnez-moi!...

— Je ne vous en veux point, Gustave: pourquoi me fâcherais-je?... je sais comme je suis maintenant...

— Mais par quelle fatalité?... quelle maladie vous est donc survenue?...

— Ce n'est point une maladie. Rappelez-vous cette nuit cruelle où j'eus tant de peine à vous faire sauver du pavillon... vous savez quel moyen j'employai... mais vous n'aviez pas vos vêtements pour vous couvrir et le jardinier vous avait jeté un seau d'eau!... je rentrai dans ma chambre pour chercher vos habits, déjà je les tenais, j'allais courir sur vos pas... quand, étouffée par la fumée, je perdis connaissance. Le feu prit à ma chevelure... on me sauva... mais je n'étais plus la même!...

— Chère Julie!... et c'est pour moi!... malheureux! je devais causer tous vos malheurs!...

— Mon ami, je ne me plains pas!... J'avais eu des torts, je devais être punie!...

— Ah! Julie! que de femmes cent fois plus coupables que vous et qui ne l'ont point été!...

— J'ai perdu votre amour... mais j'espère conserver votre amitié.

— Elle vous est acquise pour la vie.

— Gustave, il faut dès à présent m'en donner une preuve.

— Parlez!

— Je tiens à conserver le peu de bonheur qui me reste, et pour cela il faut que la tranquillité de mon mari ne soit pas troublée... dans un moment il va venir...

— Ici?

— Oui; il ne s'est pas encore rencontré avec vous depuis le jour fatal!... Ah! Gustave, je redoute cette entrevue... je vous supplie de m'éviter ce chagrin!... Je vois maintenant le piège que l'on m'a tendu: madame de Saint-Clair connaît M. Desjardins, elle aura su par lui que vous veniez autrefois me voir...

— Vous avez raison... cette dame a préparé quelque scène fâcheuse: il n'est qu'un moyen de l'éviter, je vais partir.

— Ah! mon ami! que je vous aurai d'obligations! Je sais que vous êtes ici avec celle que vous devez épouser et qu'il doit vous être pénible de la quitter... mais ce sacrifice est le dernier que vous me ferez... vous retrouverez Eugénie, et Julie est à jamais perdue pour vous!

— Chère Julie! que ne puis-je, par de plus grands sacrifices, vous prouver que je n'étais pas indigne de l'attachement que vous m'avez témoigné!... Adieu, je m'éloigne; puissions-nous nous retrouver dans un lieu où l'on soit libre de se livrer aux élans de son cœur!

Gustave presse tendrement la main de Julie et se lève pour gagner la porte du salon.

Madame de Saint-Clair suivait tous les mouvements de Gustave; elle se trouve devant lui lorsqu'il va sortir du salon.

— Eh quoi! monsieur, s'écrie-t-elle de manière à être entendue d'Eugénie, vous me quittez déjà?

— Non, madame, répond Gustave en dissimulant sa colère; je vais prendre un peu l'air...

— Oh! je ne vous laisserai point partir.

Pendant ce colloque, Eugénie, troublée, joue et chante de travers, tout occupée de ce que fait

Gustave. Celui-ci va se débarrasser de madame de Saint-Clair, lorsque deux nouveaux venus entrent dans le salon et lui barrent le passage.

Grande surprise d'un côté, embarras de l'autre: ces deux personnages sont MM. de Berly et Desjardins. Gustave est resté immobile; M. de Berly pousse une exclamation qui fait tourner tous les regards de son côté; Desjardins ouvre de grands yeux et prépare une phrase; madame de Saint-Clair jouit de la situation de Gustave et du tourment d'Eugénie.

Bientôt la scène change: Julie a vu entrer son mari avant le départ de Gustave; elle redoute une explication; ses forces l'abandonnent; elle s'évanouit et se renverse sur sa voisine, vieille dame occupée à jouer avec son carlin; le chien aboie; la vieille est désespérée, non pas de l'évanouissement de Julie, mais elle craint que le petit animal ne soit blessé: elle pousse des cris perçants.

Tout le monde court à Julie: M. de Berly seul est indécis s'il doit s'occuper de Gustave ou de sa femme. Mais notre héros qui sent que sa présence est plus que jamais dangereuse, s'approche de M. de Berly:

— Si vous désirez me parler, monsieur, je serai à vos ordres, et voilà mon adresse.

En achevant ces mots, Gustave met sa carte dans la main de M. de Berly, et sort sans lui laisser le temps de lui répondre.

— Ce jeune homme est encore un peu fou, s'écrie M. de Berly en s'approchant de sa femme qui reprenait ses sens.

— Fou! monsieur, répond madame de Saint-Clair; mais il ne l'a jamais été!...

— Pardonnez-moi, madame, pardonnez-moi!...
Oh! il l'a été et beaucoup. Parbleu! j'en sais
quelque chose, et ma femme aussi. Pauvre petite
femme! je suis sûr qu'elle s'est trouvée mal parce
qu'elle a craint que cette rencontre n'amenât une
scène... Je devais me battre avec Saint-Réal; tu
sais, Desjardins, que j'avais dit que je le tuerais.

— Oui, je me rappelle fort bien que même à
cette époque...

— Mais, décidément, je ne veux point me
battre avec un fou!... cela ne vaut pas la peine;
d'ailleurs, ma femme me l'a défendu.

— En vérité, monsieur, vous vous trompez,
assurément!... N'est-il pas vrai, ma chère Eugénie, que M. Gustave a toute sa raison?

Madame Fonbelle était presque hors d'état de
parler. Le brusque départ de Gustave, les paroles
prononcées par M. de Berly et l'évanouissement de
sa femme avaient jeté le trouble et la jalousie
dans son âme. Elle considérait Julie avec inquiétude et ne concevait rien à la scène qui venait
d'avoir lieu.

Pour achever son supplice, madame de Saint-
Clair lui adressait mille questions, s'inquiétait
de sa pâleur, et, avec ces soins perfides qui
redoublent l'embarras de ceux qui les reçoivent,
cherchait à augmenter encore le chagrin et les
soupçons d'Eugénie.

Le lendemain de cette aventure, Gustave se
rendit de bonne heure chez Eugénie. Il s'attendait à quelques reproches: madame Fonbelle ne
lui en fit point. Mais ses manières sont changées,
son humeur n'est plus la même: froide et réservée,

elle répond à peine aux empressements de Gustave, qui ne conçoit rien à ce changement.

Bouillant, emporté, il demande, il exige une explication. On garde un morne silence. Gustave se lève, il va s'éloigner.

— Monsieur, dit enfin Eugénie, je vais ce soir aux Français ; voudrez-vous bien m'y accompagner?

— Volontiers, madame; j'aurai le plaisir de venir vous prendre.

— Que signifie ce caprice? dit Gustave en retournant vers son oncle: elle paraît fâchée, et me propose de l'accompagner au spectacle!... Allons, attendons ce soir; j'aurai peut-être le mot de cette énigme.

— Comment vont les amours? demande le colonel à son neveu; j'espère que le mariage se fera bientôt.

— Ma foi, mon oncle, je ne réponds plus de rien: Eugénie est une femme singulière!... je crois que quelqu'un l'indispose contre moi... elle s'est fâchée pour un événement qui ne la regarde en rien... et si déjà elle croit les propos perfides qu'on lui débite, que sera-ce donc quand nous serons mariés?

— Bah!... querelle d'amoureux que tout cela!... Demain, ce soir, vous n'y penserez plus.

Gustave se rend l'après-dînée chez madame Fonbelle; elle l'attendait. On part pour le spectacle, la route se fait silencieusement; Eugénie est triste, et paraît fortement préoccupée; Gustave est piqué de la conduite d'Eugénie, il ne cherche point à entamer la conversation.

On arrive, on se place. La loge contient encore

d'autres places qui restent vacantes. Mais bientôt deux dames entrent; l'une est madame de Saint-Clair, l'autre est une jeune femme assez jolie et dont la figure n'est point inconnue à Gustave: il cherche à se rappeler ses traits, pendant qu'Eugénie, placée sur le devant, cause avec madame de Saint-Clair.

M. Dubourg est un grand homme à prétentions (P. 77).

De son côté la dame paraît surprise à la vue de Gustave; ils se regardent... ils se sourient... ils se sont reconnus. La personne qui accompagne madame de Saint-Clair n'est autre que madame Dubourg, celle qui passait la nuit à attendre son *frère* pendant que son mari était de garde.

Eugénie paraissait fort occupée à parler avec madame de Saint-Clair: Gustave croit pouvoir hasarder le salut. Madame Dubourg semblait ignorer que Gustave fût avec Eugénie; elle avait commencé à lui adresser quelques mots lorsqu'un monsieur entra dans la loge. A sa manière de parler à madame Dubourg, Gustave reconnaît un mari: c'est le monsieur qui porte toujours des jabots et qu'il a jeté sur une borne pour esquiver la patrouille.

M. Dubourg est un grand homme à prétentions; il lorgne les dames en agitant un petit doigt auquel est passé un jonc en brillants; il fait tout haut ses réflexions sur la pièce, les auteurs et les spectateurs; la conversation s'engage entre Gustave et lui. Madame Dubourg ne regardait plus Gustave, Eugénie était toujours sérieuse, et madame de Saint-Clair écoutait en souriant tout ce qu'on disait.

Comment diable dira-t-on peut-être, cette dame de Saint-Clair, qui paraît fomenter la désunion entre Gustave et Eugénie, sait-elle que madame Dubourg connaît notre héros? Comment?... par sa blanchisseuse de fin, qui, pour le malheur de nos futurs époux, se trouve être la petite Lise de la rue Charlot.

Lise n'était pas méchante, mais elle aimait à bavarder et à se venger quand l'occasion s'en présentait. Madame de Saint-Clair avait appris que mademoiselle Lise connaissait beaucoup M. Gustave. Elle l'avait sans peine fait parler du joli garçon qui était si mauvais sujet: une grisette fait parade de sa liaison avec un jeune homme du grand monde.

Madame de Saint-Clair avait su par Lise l'aventure de la nuit, les folies de Gustave avec la patrouille, et la visite matinale de madame Dubourg chez la petite blanchisseuse.

Dès lors madame de Saint-Clair dresse ses batteries: elle connaît M. et madame de Berly, mais ce n'est point assez; elle parvient à lier connaissance avec madame Dubourg. Depuis longtemps elle méditait sa vengeance; elle préparait les rencontres, les catastrophes; elle écrivait à Eugénie des lettres anonymes, et lui avait appris le séjour de Suzon à l'hôtel, circonstance que les propos du père Benoît lui avaient fait deviner, quoique le portier n'en fût pas certain lui-même.

C'est ainsi que madame de Saint-Clair détruisait le repos d'Eugénie, et faisait naître les soupçons et la douleur dans le cœur d'une femme déjà trop portée à la jalousie.

Et pourquoi toutes ces perfidies? Pour se venger de Gustave qui l'a dédaignée, et d'Eugénie qu'elle déteste.

Si vous voulez savoir jusqu'où peuvent aller les ressources de l'imagination pour détruire le bonheur d'une rivale, cherchez dans le cœur d'une femme vindicative.

Mais ce n'est point assez de mettre chacun en présence il faut faire naître quelque scène violente. Madame de Saint-Clair y parvient: pour cela elle commence avec Gustave un entretien qui roule d'abord sur des choses indifférentes, mais que bientôt elle sait diriger sur d'autres objets.

— Monsieur Saint-Réal, dit-elle en regardant malicieusement madame Dubourg, j'espère que lorsque vous serez marié vous ne ferez plus courir les patrouilles après vous!...

— Que voulez-vous dire? madame.

— Ah! c'est que l'on m'a raconté dernièrement une de vos folies... bien excusable dans un garçon... Ah! cela m'a beaucoup fait rire!...

— Qu'est-ce donc? demanda Eugénie.

Une aventure très plaisante: monsieur avait un rendez-vous nocturne avec une dame... c'est, je crois, dans la rue Charlot...

— Mais, madame, cette histoire ne regarde que moi, et...

— Mon Dieu!... pourquoi vous fâcher, monsieur Saint-Réal? vous étiez bien libre de vos actions...

— Enfin, pendant que monsieur cause avec sa belle, qui demeurait, je crois, à l'entresol, une patrouille passe... Le mari était dans la garde nationale; il voit un jeune homme parler à sa femme... il court sur lui... le poursuit...

— C'en est assez, madame. J'ignore quel est votre but en débitant cette histoire, mais je déclare qu'elle est de toute fausseté...

— Une fausseté!... ah! monsieur, j'en appelle à monsieur Dubourg; il a demeuré rue Charlot; il doit se rappeler le bruit que vous fîtes dans sa rue cette nuit-là en frappant à toutes les portes.

M. Dubourg ne disait mot depuis le commencement du récit de madame de Saint-Clair, mais il écoutait très attentivement, et paraissait fort agité. Ce que M. Dubourg craignait le plus, c'était de paraître sot et berné. Il croit voir dans l'entretien de madame de Saint-Clair et de Gustave une scène préparée pour le mystifier: dès lors il jure de se venger de cet affront, et, après avoir lancé à sa femme un regard terrible, il frappe sur le bras de Gustave et l'invite à le suivre.

Madame Dubourg pleure et se désole en voyant son mari sortir avec Gustave; madame de Saint-Clair feint le plus grand étonnement, et demande ce que tout cela signifie. Eugénie ne dit mot, mais on voit qu'elle souffre et qu'elle cache ses tourments.

Cependant Gustave a suivi M. Dubourg; ils sortent du spectacle.

— Pourrais-je savoir, monsieur, dit enfin Gustave, ce que vous avez à me dire et pour quel motif vous me faites promener ainsi?

— Vous savez fort bien, monsieur, que vous m'avez outragé... Je n'ai pas besoin de vous expliquer des choses que vous connaissez parfaitement, mais je vous apprendrai qu'on ne se moque pas de moi en face... Faire un mari cocu, c'est fort mal!... Du moins, quand il l'ignore il n'en peut pas rougir; mais le lui dire en présence de témoins!... parbleu, monsieur, c'est trop fort!... et cela ne se passera pas ainsi!...

— Monsieur, je vous ferai observer que je n'ai pas dit mot de tout cela... d'abord parce que cela n'est point, ensuite parce que si cela était je ne serais pas assez lâche pour compromettre ainsi madame votre épouse. On peut frapper la nuit à une porte sans monter chez vous. Songez donc, monsieur, qu'un amant favorisé ne fait pas de bruit et ne réveille pas tout un quartier.

— Ah! monsieur avoue que c'était lui!

— Oui, monsieur, mais je ne connaissais pas madame votre épouse.

— A d'autres, vraiment!... Vous m'avez fait cocu, monsieur, le fait est clair... mais vous m'en rendrez raison.

— Morbleu! monsieur, devriez-vous croire les propos d'une femme qui ne cherche qu'à brouiller les ménages?

— Madame de Saint-Clair est une femme honnête et incapable de dire ce qui n'est pas. Certes, si elle eût su que j'étais le mari de la patrouille, elle n'aurait pas conté votre aventure devant moi. Mais ces dénégations ne m'abuse-

ront pas. Je suis trompé, c'est un malheur... cela
arrive à beaucoup de gens d'esprit.

— Mais, monsieur...

— Je suis cocu, monsieur; cela est clair comme
le jour...

— Eh! monsieur, je ne vous dis pas le contraire! soyez-le tant qu'il vous plaira, cela ne
me regarde pas.

— Monsieur, vous ajoutez de nouveaux ou-
trages... nous nous battrons!

— Battons-nous, monsieur, et que cela finisse.

Gustave et M. Dubourg conviennent d'un rendez-vous pour le lendemain. Le mari retourne au
spectacle, et Gustave reste dans la rue, ne
sachant pas s'il doit retourner près d'Eugénie.
Il craint, en rentrant dans la loge, de redoubler
l'embarras de madame Dubourg et la joie de la perfide Saint-Clair: cependant, ne pas aller chercher
Eugénie, qui est venue seule avec lui au spectacle, c'est manquer aux égards, aux convenances.

— Rentrons, dit Gustave. Pauvre madame
Dubourg!... Il faut avouer que son mari est un
homme singulier! il veut absolument être cocu,
et c'est à moi qu'il s'en prend pour cela! Parbleu,
j'ai du malheur: j'ai trompé bien des gens qui
n'en ont rien vu, et c'est un homme dont je connais à peine la femme qui me fait mettre l'épée
à la main!... Ah! madame Dubourg! si l'occasion
se présente, je tâcherai de ne plus faire mentir
votre mari.

Gustave se fait ouvrir la loge où il était; mais
M. et madame Dubourg n'y sont plus, Eugénie
est partie, madame de Saint-Clair seule est
restée; elle se retourne pour regarder Gustave;

elle ne dit rien, mais elle sourit, et ce sourire perfide exprime bien tous les sentiments de son âme.

Gustave va éclater... mais il retient sa colère, dont le spectacle ne paraît qu'augmenter encore le plaisir de cette femme artificieuse. Il s'éloigne, ne pouvant se livrer à toute l'indignation que lui inspire madame de Saint-Clair; il se rappelle qu'elle est d'un sexe que l'on doit respecter, lors même que la personne est méprisable.

CHAPITRE VII.

DUEL. — LE PETIT SAVOYARD.

Gustave se rend chez madame Fonbelle en sortant du spectacle ; il espère l'apaiser et se justifier. Mais la femme de chambre lui apprend que sa maîtresse ne veut recevoir personne.

— Quoi ! pas même son futur époux ?

— Personne, monsieur, tels sont les ordres de madame.

— Ah ! dit notre héros en revenant près de son oncle, je ne suis pas encore marié !... Eugénie est d'une jalousie... Se fâcher pour des choses qui se sont passées avant notre liaison !... c'est être trop susceptible... Je l'aime cependant et je sens que je lui serais fidèle: elle n'en croit rien, parce que j'ai la réputation d'un volage... mais je vaux mieux que ma réputation.

Gustave ne dit rien à son oncle de sa dernière aventure, et le lendemain, au point du jour, il se lève pour se rendre à son rendez-vous.

Pour éviter le bavardage de Benoît, Gustave

est décidé à ne point l'emmener. Mais comme la chance peut lui être contraire et qu'il est bon d'avoir près de soi quelqu'un qui puisse nous rapporter à notre demeure, Gustave se propose de se faire suivre par la jeune commissionnaire dont le zèle pour lui ne s'est jamais démenti.

Gustave prend ses pistolets et sort de son appartement. Tout le monde dort encore dans l'hôtel, dont la grande porte est fermée. Il faut réveiller le portier, cela contrarie Gustave; cependant il s'avance et frappe contre le carreau en demandant qu'on lui ouvre la porte cochère.

Au lieu de tirer simplement le cordon, le portier se lève en chemise, passe la tête à sa fenêtre et regarde qui est-ce qui sort de l'hôtel de si bon matin.

— Comment!... c'est vous, monsieur Gustave?

— Oui, c'est moi, monsieur Benoît; ouvrez-moi, je vous prie...

— Monsieur sort de bien bon matin!... Est-ce que M. le colonel serait indisposé? Est-ce que sa goutte aurait remonté? Est-ce que...

— Mon oncle dort, je l'espère, et vos questions m'ennuient beaucoup. Ouvrez-moi vite, je suis pressé.

— Mais je ne vois pas mon fils pour accompagner monsieur! Benoît!... Benoît!...

— Eh, morbleu! si j'avais eu besoin de votre fils, j'aurais bien su le réveiller... Ouvrez cette porte... Votre bavardage me lasse enfin...

Le ton de Gustave n'admettait pas de réplique. Le portier ouvre la porte en se confondant en excuses. Notre jeune homme est dehors; il craint que le petit Savoyard ne soit pas encore arrivé;

il jette les yeux sur sa place ordinaire... Le petit
bonhomme est déjà assis sur la borne; il mange un
morceau de pain qu'il arrose de larmes; Gustave
s'approche doucement et lui frappe sur l'épaule;
le Savoyard, troublé à la vue de Gustave, s'empresse d'essuyer ses yeux.

— Quoi, mon ami, je te vois toujours pleurer?... pourquoi ne pas me conter tes peines? Si
tu es dans la misère, si tes parents sont malheureux, prends cette bourse et ne la ménage pas!
J'ai souvent prodigué l'argent pour des folies,
mais je n'en suis point avare pour secourir les
infortunés.

— Je n'ai besoin de rien, répond à demi-voix
le petit Savoyard en repoussant la bourse que
lui offre Gustave.

Celui-ci éprouve un sentiment qu'il ne peut
définir. Les accents du pauvre petit sont doux
comme ceux d'une femme; ils retentissent jusqu'au
fond de l'âme de Gustave, qui cherche à se rappeler à quelle époque de sa vie une voix aussi
douce a déjà fait palpiter son cœur.

Mais le temps s'écoule, et il ne faut pas faire
attendre M. Dubourg.

— Suis-moi, dit Gustave au commissionnaire,
j'ai besoin de toi.

Celui-ci se lève aussitôt et marche sur les pas
de notre héros, qui se dirige vers l'allée des
Veuves, aux Champs-Élysées: c'est là que M. Dubourg doit se trouver. Gustave l'aperçoit en effet,
se promenant sur la chaussée. Il fait arrêter son
petit compagnon à une centaine de pas de M. Dubourg, et lui ordonne d'attendre à cette place
qu'on vienne le chercher. Le Savoyard fait ce

qu'on lui dit, et Gustave s'avance vers M. Dubourg.

— Je suis désespéré, monsieur, de vous avoir fait attendre.

— Il n'y a pas de mal, monsieur; je ne fais que d'arriver... Avez-vous des pistolets?...

— Oui... mais éloignons-nous encore un peu, je vous prie; je suis bien aise que cet enfant, qui m'a suivi, ne puisse nous apercevoir...

— Comme vous voudrez, monsieur.

On fait quelques pas dans une autre allée. Gustave s'arrête; les deux adversaires s'éloignent:

— Tirez, monsieur! crie Gustave, vous vous croyez offensé, c'est à vous de commencer.

M. Dubourg ne se fait pas prier: il ajuste Gustave, qui est atteint au côté droit; il tombe et M. Dubourg court à lui: — Eh bien! monsieur conviendrez-vous enfin que vous m'avez fait cocu?...

— Non, monsieur, non, je ne conviendrai point d'une chose qui n'est pas, et près de mourir je vous affirmerais encore que vous vous trompez.

— En ce cas, monsieur, je suis désespéré de ce qui vient de se passer... Je vais vous envoyer une voiture et votre petit bonhomme.

M. Dubourg s'éloigne, et trouve le petit Savoyard fort inquiet: le bruit du pistolet était parvenu jusqu'à lui, et il allait courir chercher Gustave, lorsque M. Dubourg vient lui dire que son maître était blessé. Le pauvre garçon vole aussitôt vers l'endroit où Gustave est resté... Il l'aperçoit couché à terre et couvert de sang; il s'approche de lui, il veut le secourir, mais il n'en a pas la force, et il tombe sans connaissance près du blessé.

— Parbleu!
dit Gustave, j'ai
eu là une belle
idée d'emme-
ner avec moi
cet enfant
que la vue
d'une bles-
sure fait
trouver
mal!... Si
je pouvais
le secou-
rir!...mais
je n'ai
rien sur
moi... Je
sens que
je ne puis
marcher...
et per-
sonne ne
passe... Il
est de bon-

Il ajuste Gus-
tave qui est
atteint au
côté droit.
(P. 87.)

ne heure: si M. Dubourg ne trouve pas de voiture
à m'envoyer, nous resterons longtemps sans
secours!...

Gustave appelle... Personne ne paraît; il veut
marcher et chercher du monde, mais ses forces
l'abandonnent, et il tombe lui-même sans connaissance près du petit Savoyard.

Heureusement pour notre héros et son compagnon que M. Benoît, le portier de l'hôtel, était
aussi curieux que bavard. Après avoir ouvert sa

porte cochère, il avait appelé bien vite son fils:
celui-ci venait de se lever; il accourt près de son
père, qu'il trouve se promenant en pet-en-l'air
dans la cour et allant de temps à autre regarder au travers de la fenêtre de sa loge qui donne
sur la rue.

— Qu'est-ce donc qu'il y a papa?...

— Du mystère, mon garçon... du louche dans
la conduite de M. Gustave... Il vient de sortir
de l'hôtel comme un furieux... sans daigner me
répondre... Tiens... il est là-bas... qui cause avec
le petit commissionnaire...

— Ah! pardi! c'est son favori, vous le savez
bien...

— Attends... le v'là qui s'en va... et le Savoyard
le suit... Benoît, c'est ton maître... tu dois le
suivre aussi ...mais de loin...

— Je n'ai pas de chapeau...

— Prends mon bonnet de soie noire... Va vite...
ne les perd pas de vue... Tu me diras tout ce que
tu auras appris.

— Soyez tranquille.

Benoît avait donc suivi de loin Gustave et le
Savoyard. Il s'était arrêté lorsque son maître
avait fait attendre le petit bonhomme; il avait
entendu le coup de pistolet; il avait vu M. Dubourg s'éloigner, et avait couru après lui pour
savoir si son maître était blessé; sur la réponse
affirmative, il était allé chercher une voiture, et
il arriva sur le champ de bataille quelques minutes après que Gustave eût aussi perdu connaissance.

Benoît aidé du cocher, place son maître dans
la voiture; il se met près de lui, et fait partir le

fiacre sans s'inquiéter du petit bonhomme, qu'il laisse sans secours. M. Benoît est vindicatif; il est bien aise de se venger de quelqu'un qu'il n'aime pas.

Les sots sont d'ordinaire rancuniers: il n'appartient qu'aux grandes âmes de pardonner les offenses et de rendre le bien pour le mal.

On arrive à l'hôtel. Gustave a repris ses sens; il est reçu par son oncle, qui se promenait dans son appartement, fort inquiet de son neveu (car le portier avait eu soin de lui annoncer, en les amplifiant, tous les événements du matin), et jurant après sa goutte qui l'empêchait de sortir.

Heureusement la blessure de Gustave était légère, et ne devait causer aucune inquiétude. Ce ne fut qu'après en avoir reçu l'assurance que le colonel gronda son neveu. Celui-ci contait à son oncle tout ce qui lui était arrivé la veille, lorsqu'on lui apporta une lettre de madame de Fonbelle. Gustave la lit, puis la passe à son oncle...

— Etes-vous raccommodés? dit le colonel.

— Lisez, mon oncle, vous verrez qu'il n'y a pas moyen de me marier.

Le colonel lit la lettre suivante:

« En vous épousant, Gustave, je ne veux faire ni votre malheur ni le mien. Je sens que je vous aime trop pour être heureuse avec vous. Votre caractère léger et volage livrerait sans cesse mon âme aux plus cruels tourments. Depuis deux jours j'ai acquis les preuves de votre inconstance, et le passé me fait trembler pour l'avenir. Adieu. Les Julie, les Dubourg, les Lise, les jeunes filles de village vous consoleront de la perte d'Eugénie. »

— Que le diable emporte les femmes, les

amants, les intrigues et les mariages! dit le colonel en jetant la lettre en l'air; mais aussi c'est ta faute, tu ne fais que des sottises!...

— Mon cher oncle, cette fois, permettez-moi de vous dire que je ne suis nullement coupable; une méchante femme a tout fait. Madame de Saint-Clair a préparé toutes les scènes qui ont eu lieu: depuis longtemps elle cherchait à me faire perdre le cœur d'Eugénie: elle y a réussi. Mais si madame Fonbelle croit, avant d'être ma femme, tout ce qu'on lui dit contre moi, je ne dois pas regretter sa main. Pour vivre heureux, il ne faut pas avoir de secrets l'un pour l'autre; il ne faut pas surtout prêter l'oreille aux discours de ceux qui cherchent à troubler notre repos.

— Si tu étais bien amoureux d'Eugénie, tu ne raisonnerais pas aussi froidement. Allons, je vois qu'il est dit que tu mourras garçon.

— Non, mon oncle, non... je me marierai; je veux vous donner cette satisfaction; et, puisque je ne trouve pas ici une femme qui veuille de moi, eh bien! je vais, dès que ma blessure sera guérie, me mettre en voyage. J'irai en Suisse, où l'on dit que les femmes sont sincères; en Angleterre, où elles aiment avec passion; je visiterai les quatre parties du monde s'il le faut, et je finirai peut-être par trouver une femme qui ne s'effraiera pas d'épouser un mauvais sujet. Mais à propos... je ne vois pas... Benoît... Benoît!...

— Me voilà, monsieur!

— C'est toi qui m'as trouvé sans connaissance dans les Champs-Elysées?

— Oui, monsieur.

— Tu as dû voir près de moi un petit commissionnaire?... le pauvre garçon s'est trouvé mal en me voyant blessé...

— Ah!... le Savoyard du coin?...

— Oui, le petit Savoyard... Eh bien, réponds, qu'en as-tu fait?...

— Moi, monsieur, rien du tout!...

— Comment, drôle que tu es, tu as abandonné cet enfant sans lui porter secours?...

— Monsieur... il s'est sauvé dès qu'il m'a aperçu...

— Sauvé et il était sans connaissance...

— Oh! pardonnez-moi, monsieur, il chantait quand je suis arrivé avec la voiture.

— Il chantait... au lieu de me chercher du secours?... Benoît vous en imposez...

— Monsieur n'a qu'à demander à mon papa, il lui dira que je suis bien élevé, et que...

— Benoît, si le Savoyard ne reparaît pas aujourd'hui devant l'hôtel, je vous chasse.

— Mais, monsieur...

Benoît cherchait à se disculper, lorsqu'on entendit du bruit dans la cour; un domestique vint dire que le petit Savoyard venait d'arriver à l'hôtel, et demandait avec insistance à voir M. Gustave.

— Qu'il vienne, dit Gustave.

Le petit bonhomme accourt; il se précipite au pied du lit du jeune blessé, il saisit sa main et la couvre de larmes.

— Oh! le petit sournois! dit tout bas Benoît, comme il fait le câlin! et tout ça pour tâcher d'être jockey de mon maître.

Gustave rassura le petit commissionnaire sur sa santé, et le questionna pour savoir si Benoît avait dit la vérité.

Pendant que Gustave interrogeait le Savoyard, et que Benoît cherchait un prétexte pour s'excuser près de son maître, le colonel considérait le petit bonhomme, et paraissait fortement préoccupé.

M. Benoît fut grondé, le Savoyard récompensé pour son attachement à Gustave, et on laissa le malade prendre un peu de repos.

Au bout de dix jours, la blessure de Gustave était fermée. Pendant ce temps, le colonel s'était informé de ce que faisait madame Fonbelle; il apprit avec peine qu'elle venait de partir pour une de ses terres. Cette nouvelle lui ôta l'espérance de renouer l'hymen de son neveu et d'Eugénie, car Gustave n'était pas

Pendant que Gustave interrogeait le Savoyard. (P. 93.)

homme à courir sur les traces d'une femme qui paraissait le fuir.

Dès que Gustave fut rétabli, il songea à tout préparer pour ses voyages; il était décidé à s'éloigner pour quelque temps de la France où rien ne l'attachait; il avait, pour plaire à madame Fonbelle, rompu avec toutes ses anciennes connaissances; Julie avait dit adieu aux intrigues; les danseuses de l'Opéra ne séduisaient plus notre héros; la petite Lise venait de se marier à un chapelier, et se contentait de faire enrager son mari.

Suzon avait disparu; Olivier, continuant de
jouer au lieu d'aller à son bureau, avait perdu sa
place, et sa conduite était tellement dérangée, que
Gustave, qui dans ses folies se respectait encore,
ne pouvait plus faire sa société d'un homme qui ne
fréquentait que les filles et les mauvais lieux; Gustave n'avait donc plus rien qui le retînt à Paris.

Il fit part au colonel de sa résolution; et celui-ci
l'approuva, espérant que les voyages mûriraient la
tête de son neveu.

Gustave fit tous ses préparatifs, et consentit à
emmener Benoît avec lui pour prouver à son oncle
qu'il n'avait pas l'intention de se livrer à de
nouvelles intrigues, car la réputation de Benoît
était faite: on savait qu'il n'était bon qu'à servir à
table et à panser un cheval.

Benoît était enchanté de suivre Gustave, car il
avait craint d'abord qu'il ne prît envie à son maître
d'emmener le petit commissionnaire; dans sa joie,
il parlait à chaque instant à son père de ses pro-
chains voyages, et il avait soin de corner cela aux
oreilles du petit bonhomme, parce qu'il croyait
s'apercevoir que cela le chagrinait. M. Benoît était
essentiellement taquin.

Le jour du départ est arrivé. Le colonel veut
accompagner son neveu jusqu'à Saint-Germain: il
fait préparer son cabriolet, et Benoît est envoyé
en avant avec des chevaux, car c'est en effet la
manière la plus agréable pour bien connaître le
pays que l'on parcourt.

En montant en cabriolet, Gustave cherche des
yeux son petit commissionnaire, auquel il veut
laisser des marques de sa générosité; mais le Savoyard n'est pas à sa place; on ne voit même ni sa

sellette, ni son petit banc; Gustave est étonné de l'absence du petit bonhomme, et fâché de partir sans l'avoir revu.

Le cabriolet part. En deux heures on arrive à Saint-Germain. Le colonel se dirige vers l'auberge où l'on a donné rendez-vous à Benoît; déjà on en approche, lorsqu'une voiture bourgeoise, allant comme le vent, vient contre le cabriolet du colonel; celui-ci n'a pas le temps de l'éviter; le cocher maladroit accroche le léger cabriolet, le renverse, et fouette ses chevaux pour se dérober à la colère du colonel.

Gustave et son oncle sont tombés de côté; le colonel se relève en jurant, il n'est pas blessé. Gustave a un pied foulé; mais des cris plaintifs se font entendre derrière eux. La foule empressée entoure le cabriolet. Le colonel s'informe si sa voiture en tombant a blessé quelqu'un, et il aperçoit un petit Savoyard que l'on relève et que l'on porte dans l'auberge. Gustave jette un cri de surprise: il a reconnu son petit commissionnaire, et il apprend par les gens assemblés que le pauvre enfant était monté derrière le cabriolet lorsqu'il avait versé.

— Par grâce, mon oncle, s'écrie Gustave, faites donner à ce pauvre garçon tous les secours possibles, pendant que je vais me faire panser le pied.

Le colonel cède aux désirs de son neveu, il va près du petit Savoyard. Gustave qui souffre beaucoup au pied, est conduit dans une chambre, et Benoît lui amène un dentiste, qui se charge de guérir les pieds foulés en vingt-quatre heures.

Gustave, forcé de rester sans bouger dans une chambre, s'impatiente après son oncle, qui ne reparaît pas; il brûle de savoir des nouvelles du

petit Savoyard; il va envoyer Benoît en chercher...
lorsque enfin M. de Moranval entre dans sa
chambre.

Le colonel est pâle, troublé; sa figure exprime
une telle agitation que Gustave en est effrayé.

— Qu'avez-vous donc, mon oncle? qu'est-il
arrivé?... ce pauvre garçon serait-il blessé mor-
tellement?

— Non... non... sa blessure est légère... ce ne
sera rien...

— D'où peut donc naître le trouble où je vous
vois?...

— Parbleu! notre chute a bien pu troubler un
peu les sens!...

— Mais vous n'étiez pas dans cet état avant de
vous rendre près du petit Savoyard... vous me
cachez quelque chose... au nom du ciel, parlez!...

— Eh! morbleu! je ne te cache rien! que diable
veux-tu donc que je te dise? Le petit bonhomme
n'est presque pas blessé... mais la peur lui a fait
perdre l'usage de ses sens; demain il n'y paraîtra
plus.

— Pourquoi était-il monté derrière notre voiture?

— Parce qu'il nous avait suivis, apparemment.

— Suivis... dans quelle intention.

— Eh! mille escadrons! dans l'intention de se
promener sans doute. Ne sais-tu pas que c'est
l'usage des petits polissons de monter derrière les
voitures.

— Cependant, mon oncle...

— Ah çà, en voilà assez sur le compte de ce
bambin; je te dis qu'il n'a presque rien; je lui ai

donné de l'argent pour se faire guérir, tu ne dois plus t'inquiéter de lui. Pour toi, comme une foulure n'est pas dangereuse, demain tu pourras te remettre en route. Adieu; je retourne à Paris.

— Quoi! mon oncle, vous allez me laisser m'ennuyer dans cette auberge?... qu'est-ce donc qui vous presse?... vous retournerez aussi bien à Paris demain.

— Je te dis qu'il faut que je parte à l'instant: probablement j'ai des raisons pour retourner chez moi; tu peux bien rester un jour dans une auberge sans compagnie: puisque tu vas parcourir l'Europe, il est présumable que cela t'arrivera quelquefois.

Adieu; embrasse-moi, Gustave : tu as de l'argent, des lettres de recommandation pour divers pays; et d'ailleurs tu sais que tu pourras, au besoin, tirer sur moi; j'acquitterai tes lettres de change si tu te conduis bien. Voyage, tâche de ne plus faire de folies, et si tu rencontres une femme sage, douce et fidèle, ramène-la avec toi, elle sera ta femme; mais rappelle-toi que je tiens à ces trois qualités.

Le colonel embrasse tendrement son neveu et le quitte; quelques moments après, Gustave entendit le cabriolet de son oncle qui sortait de l'auberge.

Gustave trouvait quelque chose d'extraordinaire dans la conduite du colonel; son émotion visible en revenant parler à son neveu, cette résolution subite de repartir de suite lorsque rien ne le rappelait à Paris, tout cela semblait cacher quelque mystère.

Gustave cherche à deviner, mais en vain il se creuse la tête pour découvrir le motif de ce prompt

départ; il espère être plus heureux le lendemain en questionnant le petit Savoyard.

Dans l'après-dînée, Gustave ordonne à Benoît d'aller s'informer de la santé du petit blessé. Le domestique sort et revient bientôt près de son maître.

— Eh bien, Benoît, comment va ce pauvre garçon?

— Mais, monsieur, il paraît qu'il va bien, puisqu'il est parti!...

— Parti!... le commissionnaire qui a été blessé ce matin est parti?... Allons, cela n'est pas possible.

— Monsieur, je ne vous dis que ce qu'on m'a affirmé... ça m'étonne bien aussi!

— Tu es fou, Benoît!

— Mais, monsieur, ce qu'il y a de plus drôle, c'est que la servante de l'auberge m'a assuré que M. votre oncle l'avait emmené dans son cabriolet...

— Mon oncle a emmené le Savoyard?

— Oui, monsieur, oui; il a eu pour lui tous les soins possibles... il n'a pas voulu que personne d'autre que lui l'aidât à monter en voiture... enfin il faut que ce petit noiraud soit sorcier pour se faire comme ça des amis d'un colonel!...

Gustave était surpris de la conduite de son oncle; mais il attribua cette dernière action au bon cœur du colonel, qui, sous des dehors brusques, cachait une âme sensible et compatissante.

Le surlendemain, notre héros se trouva assez bien pour monter à cheval, et il quitta Saint-Germain pour commencer ses voyages.

CHAPITRE VIII.

QUI COMPREND UN ESPACE DE TROIS ANS.

Au lieu de suivre la route de l'Italie où il se proposait d'aller, Gustave tourna bride et se dirigea vers Ermenonville.

Benoît, qui ne connaissait pas la route, était fort curieux de savoir où allait son maître. Il était un peu moins timide que lors de son premier voyage avec Gustave; il approchait volontiers son cheval de celui de notre jeune voyageur, mais il n'osait encore se permettre de l'interroger.

On arrive enfin dans le village. Benoît reconnaît le château, le petit pont, et la maison du père Lucas, devant laquelle s'arrête Gustave; il ne peut résister au désir de savoir ce qu'ils viennent faire chez les villageois.

— Monsieur, est-ce que nous allons encore loger ici?

— Tu le verras.

— Monsieur, est-ce que vous allez encore mettre

la maison sens dessus dessous? faire sauver les vaches et faire crier les vieilles femmes?

— Benoît, je ferai ce qu'il me plaira. Si tu te permets encore de me questionner, je te renvoie à Paris.

— Je ne dis plus rien, monsieur.

Gustave entre dans la cour de la maison; une paysanne fait un cri en apercevant le jeune homme: c'est Marie-Jeanne, qui a reconnu Gustave; celui-ci, avant de revoir la famille Lucas, est bien aise de savoir par la jeune villageoise comment il sera reçu; il fait signe à la grosse fille de venir lui parler.

— Quoi!... c'est vous, monsieur?... Ah! je n'vous attendions guère... v'là près d'un an que vous êtes venu... oui... il y aura un an dans trois mois... c'est environ aux prunes...

— Dites-moi, ma chère Marie-Jeanne, comment se porte-t-on ici... Est-on toujours gai, content?...

— Oh! monsieur, il y a bien du changement, allez!... dam' vous ne savez pas ça... mamselle Suzon nous a quittés. Mais entrez donc, monsieur, not' maîtresse va vous conter tout ça.

Gustave voit par les discours de Marie-Jeanne qu'on ignore qu'il est cause de la fuite de Suzon. Il entre dans la maison, où il trouve le père et la mère Lucas.

Les villageois le reçoivent avec amitié. Le père Lucas est un peu moins causeur, mais sa femme parle toujours autant; elle raconte à Gustave la disparition de sa fille. La mère Lucas pleure en parlant de Suzon; et les larmes de la bonne femme retombent sur le cœur de Gustave, car il sent bien que c'est lui qui les fait couler.

Sans son séjour chez Lucas, la jeune fille serait restée au village! Tranquille près de ses parents, elle n'aurait jamais songé à d'autres plaisirs, et son cœur aurait repoussé la pensée de se séparer d'eux, mais la présence de Gustave avait tout changé, et la mère Lucas ne se doutait pas qu'elle parlait à celui qui avait tourné la tête à sa petite Suzon.

Gustave est bien étonné lorsqu'il apprend que, depuis deux mois, Suzon écrit très souvent à ses parents, mais sans leur donner son adresse à Paris, parce qu'elle craint toujours qu'on ne veuille la marier à Nicolas.

— Alle a ben tort, c'te chère enfant, ajoute la mère Lucas. Pardi! Nicolas Toupet est marié, il n'pense plus à elle. Quant à nous, dam', j'étions ben chagrins, ben en colère, dans les commencements de son départ; mais depuis elle nous a écrit des lettres si tendres, où elle nous demande ben pardon de c'qu'alle a fait; ah! ma foi! j'sommes prêts à lui pardonner, et j'espérons ben qu'alle re iendra bientôt.

— Elle est toujours à Paris, se dit Gustave, et elle n'a point cherché à me voir depuis sa fuite de chez la mercière? Allons, Suzon ne m'aime plus!... Suzon a fait comme les autres; elle a écouté les propositions de quelque libertin... ne pensons plus à elle; je suis bien sot d'avoir cru qu'une fille aussi jolie me serait restée fidèle!... oublions-la... puisse-t-elle être heureuse!...

Le jeune homme quitte la maisonnette, après avoir laissé à Marie-Jeanne des marques de sa libéralité; il s'éloigne d'Ermenonville; mais il se promet tout bas d'y retourner en revenant de ses voyages, pour savoir si Suzon est enfin revenue près de ses parents.

Gustave se rend directement en Italie sans qu'il lui arrive en route aucun événement remarquable. Il arrive enfin dans la patrie des Césars; il visite le Capitole, la basilique de Saint-Pierre, les tombeaux des pontifes; il trouve encore dans les ruines des temples et des palais des vestiges de la grandeur des Romains; mais il cherche en vain parmi les habitants les traces de ce peuple fier et belliqueux; il ne voit que des mendiants et des moines là ou vivaient les consuls et les publicains.

— Et ce sont là des Romains? se dit Gustave en considérant des hommes blêmes et sales, qui fourmillent dans les rues de la ville où beaucoup passent leur vie sans avoir d'autre logement qu'un enfoncement entre deux bornes, d'autres couvertures qu'un manteau sale et en lambeaux, d'autre nourriture que du macaroni bouilli dans de l'eau.

— En vérité, je suis presque fâché d'être venu à Rome: je perds ici une partie des illusions de ma jeunesse, et je commence à croire que le seul fruit qu'on retire de ses voyages, est de juger la différence qui existe entre le passé et le présent, entre les rêves de l'imagination et la réalité. C'est sans doute pour cela que les voyages rendent plus sages et forment la raison.

Je conçois, en effet, que tout ce que l'on voit peut donner lieu à des réflexions très philosophiques: une église où était un cirque; un bureau de loterie auprès de la Roche Tarpéienne; et des polichinelles sur la place où périrent les fils de Brutus! Qu'aurait dit ce farouche républicain, si on lui eût prédit que sa patrie serait un jour celle

des escamoteurs, des paillasses et des marionnettes !...

Gustave quitta Rome sans regret; Benoît re-
gretta les parades dont il se régalait en parcourant
la ville. Notre héros visita une partie de l'Italie,
puis se rendit en Espagne, en Portugal, en Allemagne, en Pologne et en Angleterre.

Partout notre jeune homme eut des aventures;
mais le récit de bonnes fortunes qui se ressemblent
presque toutes aurait peu de charmes pour le
lecteur. Là où le cœur n'est pour rien, les liaisons
amoureuses sont bien monotones.

Chez les Italiennes, Gustave n'avait pour ainsi
dire pas besoin de faire une déclaration, ces dames
lui en épargnaient la peine; et quoi qu'on puisse
dire de la galanterie, de la coquetterie des Fran-
çaises et des mœurs relâchées des femmes de
Paris, cela ne peut se comparer à la facilité avec
laquelle les Italiennes nouent une intrigue.

Cependant Gustave eut la gloire ou plutôt le
malheur d'inspirer de violentes passions; il emporta
d'Italie quelques coups de stylet, et Benoît des
déclarations et des propositions qu'il se promit
bien de se faire expliquer à son retour par son cher
papa.

En Espagne, Gustave pinça de la guitare, et fit
l'amour à travers de petites jalousies .Il alla au
sermon admirer les jolies femmes et échanger des
œillades; à la porte, il présenta de l'eau bénite, et
de vieilles mégères qu'on nomme par là duègnes, et
qu'ici nous appellerions différemment, le suivirent
à son logement, et lui portèrent des billets doux.
En Espagne, il y a plus de luxe et plus de men-

diants encore qu'en Italie: les extrêmes se touchent presque toujours.

Benoît, qui ne savait pas que dans ce pays-là la mendicité est une profession, et les gueux des gens auxquels on ne doit répondre qu'avec respect, eut un jour le malheur de repousser un peu brutalement un *señor* mendiant qui lui demandait la *caristade*; aussitôt une foule de gueux assaillit Benoît: il fut battu, roulé, maltraité. Gustave apercevant son valet aux prises avec un ramas de misérables, fondit à coups de canne sur les mendiants: alors l'affaire devint grave.

Battre des mendiants! c'était porter atteinte aux coutumes, aux usages, aux privilèges des Espagnols, et ces gens-là n'entendent pas raison sur tout ce qui touche leur orgueil; ils mettent de la fierté dans des bassesses, de l'amour-propre à des enfantillages, de l'entêtement à des puérilités.

Les alguazils arrivèrent; on conduisit Gustave, Benoît et les mendiants chez monseigneur le corrigédor. Monseigneur donna raison à la fière canaille, trouva fort mauvais qu'un manchot eût reçu deux coups de bâton, et ne fit pas attention aux dents cassées et aux oreilles déchirées de Benoît.

Gustave jura, s'emporta; monseigneur allait le faire mettre en prison avec son valet, mais heureusement la duègne de madame arriva: elle reconnut Gustave pour un joli garçon qu'elle avait servi dans mainte occasion, et qui payait fort bien les services qu'on lui rendait. Elle le protégea, elle le sauva, et Gustave quitta l'Espagne, dégoûté d'un pays où les lois sont faites par les inquisiteurs, les moines et les mendiants.

En Allemagne, notre héros trouva des femmes aimables et des maris fumeurs. Il logea chez une belle Allemande qui aimait la valse de passion, inventait chaque jour quelque figure nouvelle (car en Allemagne, lorsque l'on valse on ne se contente pas de tourner, comme nous le faisons en France).

L'hôtesse de Gustave ne se lassait jamais, c'était bien pis que Jean-Jean Courtepointe; pendant qu'elle valsait, son mari faisait de la musique et Benoît prenait des leçons de flûte de la fille de la maison, grosse réjouie qui jouait de tous les instruments, et qui faisait sa partie dans un quatuor.

Mais la valse fatiguait Gustave et la flûte maigrissait Benoît. Notre héros quitte l'Allemagne, convaincu que les femmes y sont de la première force pour la danse, et Benoît satisfait d'être devenu musicien.

C'est un joli pays, disait-il à son maître; sans savoir l'allemand, les dames vous comprennent tout de suite; et les hommes! prononcez seulement devant eux, *Haydn*, *Mozart*, ils vont parler deux heures sans vous donner le temps de leur répondre.

— Qui t'a appris cela?

— La grosse fille qui me montrait la flûte. Ce sont les seuls mots que j'ai appris d'allemand, encore ne sais-je pas ce que cela veut dire; mais quand vous alliez valser avec l'hôtesse, ma joueuse de flûte parlait au mari *Haydn* et *Mozart*; oh! alors il prenait son violon, et il ne s'arrêtait que pour boire!... oh! ça faisait un terrible musicien!

Gustave s'embarqua pour l'Angleterre. Benoît

Benoît se fit lier à une planche (P. 106).

se fit lier à une planche pendant la traversée, afin d'être certain de surnager si le bâtiment périssait. Mais on arriva sans avoir essuyé de tempête. Benoît en fut quitte pour vomir quatre

jours de suite; il prétendit en sortant du vais-
seau, que sa langue était allongée de deux
pouces.

Le séjour de la Grande-Bretagne ne peut plaire
qu'à un homme qui met ses plus grands plaisirs
dans les courses de chevaux, les combats de coqs,
les paris, les punchs et les plum-puddings. Un
Français doit trouver singulier de voir au des-
sert toutes les femmes se lever de table, et les
hommes se livrer à la grosse gaieté que leur inspire
l'eau-de-vie brûlée, sans regretter le départ du
beau sexe, qui est au contraire pour eux le signal
de la folie (si toutefois on peut appeler folie le
plaisir de boire jusqu'à tomber sous la table).

Le jeune voyageur trouvait aussi bien triste
le choix des promenades anglaises: c'est dans les
cimetières que l'on va de préférence prendre l'air
et se délasser du travail et des affaires; à la
vérité, les cimetières sont forts beaux, et on lit
sur les tombes des inscriptions quelquefois tou-
chantes et souvent originales.

Mais il faut être Anglais pour qu'une pareille
promenade ne porte pas l'âme à la mélancolie;
c'est un sentiment qu'il est quelquefois agréable
d'éprouver, mais auquel il est dangereux de se
livrer souvent.

Gustave remarqua jusqu'à quel point ce peuple
penseur porte l'attention aux petites choses et
l'exactitude des usages.

On se moqua du jeune Français, dans un
cercle brillant, parce qu'en buvant du thé fort
chaud il versait le contenu de la tasse dans sa
soucoupe, et parce qu'il ne mettait point sa cuiller
dans sa tasse lorsqu'il ne voulait plus boire.

— Si les grands génies se font remarquer dans les petites choses, dit Gustave, à coup sûr les Anglais sont des hommes bien profonds. Mais je suis surpris alors que dans l'histoire des Athéniens, des Spartiates, et de tous ces peuples grecs renommés par leur esprit et par leur valeur, on ne nous dise pas de quelle manière un étranger devait tenir la coupe qu'on lui présentait.

Benoît s'accoutumait aux usages de l'Angleterre: il mangeait cinq fois par jour, buvait du thé toute la journée et du punch dès qu'il faisait nuit. Déjà il voyait son embonpoint augmenter, et il apprit avec chagrin que son maître voulait quitter un pays où l'on vivait si bien.

Les jeunes *miss* étaient jolies, et en Angleterre les demoiselles jouissent d'une grande liberté; elles peuvent, sans qu'on le trouve mauvais, sortir seules avec un jeune homme, aller avec lui à la campagne, aux spectacles, au bal même; mais une fois mariées, quelle différence!... elles ne quittent plus leur maison sans leur époux, et se donnent tout entières au soin de leur ménage. Cependant la société des jeunes Anglaises ne put faire oublier la France à Gustave.

— Sais-tu, dit-il un jour à Benoît, que voilà trois ans que nous sommes absents!

— Trois ans, monsieur!... Ah Dieu! comme mon papa me trouvera grandi, grossi et embelli!

— Oh! il ne te reconnaîtra pas...

— Les voyages m'ont bien formé!...

— Nous sommes restés huit mois en Italie, six en Espagne, un an en Allemagne, trois mois en Pologne, et voilà près de deux mois que nous mangeons ici des biftecks et du rosbif... j'en ai

bien assez comme cela. Joignons à cela le temps
que nous avons mis à faire ces différents voyages.
oh! il y a plus de trois ans que nous sommes
partis. Prépare notre bagage, Benoît; je veux
retourner près de mon oncle.

— Quel dommage! je commençais à faire si
bien le coup de poing!...

Pendant ses voyages, Gustave avait reçu souvent des lettres de son oncle. Le colonel avait fait
une forte maladie dont il était enfin guéri. Il
demandait toujours à son neveu s'il avait trouvé
une femme; dans chacune de ses lettres il ques-
tionnait Gustave sur ce sujet; mais dans ses der-
nières il lui témoignait le plaisir qu'il aurait à
le revoir, et Gustave ne voulut pas différer plus
longtemps son retour.

D'ailleurs, notre héros était las de courir le
monde. Comme Joconde il avait eu bien des
aventures galantes; mais lorsque le premier feu
de la jeunesse est calmé, on se fatigue de plaisirs
imparfaits qui ne charment ni le cœur ni l'esprit.

Gustave n'était plus ce mauvais sujet qui sautait par les fenêtres, réveillait tout un quartier
et se battait avec la garde; il était plus posé,
plus raisonnable, plus réfléchi qu'autrefois; et,
sans cesser d'aimer les plaisirs et les belles, il
sentait la nécessité de choisir ses connaissances.
Son âme, détrompée sur les fausses jouissances,
appréciait enfin la douceur d'un amour vrai et
réciproque et les plaisirs purs de l'estime et de
l'amitié.

Partons, dit Gustave à Benoît, retournons en
France. Je vais retrouver mon oncle sans lui
présenter une femme de mon choix: ma foi,

j'avoue que dans mes voyages je ne me suis point fort occupé d'en chercher une. Décidément je préfère une Française à toute autre: les Italiennes sont trop brûlantes, les Espagnoles trop jalouses, les Allemandes trop valseuses, les Polonaises trop froides, les Anglaises trop sentimentales.

— C'est vrai, monsieur; j'avoue aussi que, hors la flûte, les marionnettes et le plum-pudding, je n'ai rien vu de bien remarquable dans les villes que nous avons visitées.

Gustave dit adieu aux bords de la Tamise. Il s'embarque sur le paquebot, et arrive bientôt à Calais. Il sourit de plaisir en mettant le pied sur la terre natale; il est avide de revoir son oncle et ses anciennes connaissances; et Benoît impatient de pouvoir raconter à son père tout ce qu'il a entendu, aperçu, admiré, et probablement même tout ce qu'il n'a pas vu.

CHAPITRE IX.

L'AVIEZ-VOUS DEVINÉ!

Gustave avait prévenu son oncle de son retour: en débarquant à Calais, il vit venir à lui un grand garçon de bonne mine qui était habillé en postillon, et tenait une lettre à la main.

— Monsieur n'est-il pas M. Gustave Saint-Réal?

— Oui, mon ami; que me voulez-vous?

— J'épiais votre arrivée, monsieur; je suis envoyé par monsieur votre oncle, le colonel de Moranval: je dois d'abord vous remettre cette lettre...

— Une lettre de mon oncle? donnez vite...

Gustave prend, et lit:

« Mon cher Gustave, tu dois être fatigué de ton voyage et empressé d'être à Paris; pour te revoir plus tôt, je t'envoie Germain, mon nouveau pale-frenier, avec une bonne chaise de poste. Germain

sera ton conducteur, et j'espère bientôt t'embrasser.

« Le colonel de Moranval. »

— Parbleu! on n'est pas plus aimable, dit Gustave, et mon oncle a fort bien fait: je suis las
du cheval; d'ailleurs le mien est mort en Allemagne; au moins je vais arriver à Paris comme
un seigneur. Ainsi, Germain, tu as donc une
chaise de poste!...

— Oui, monsieur, et qui est toute prête.

— C'est charmant: dès que j'aurai dîné nous
partirons.

Gustave se fait conduire par Germain à l'auberge où est la chaise de poste, et après avoir
bien dîné, monte en voiture avec Benoît, en
recommandant à Germain de les mener bon train.

— Ma foi! monsieur, dit Benoît en s'asseyant
en face de son maître, c'est bien honnête de la
part de monsieur votre oncle de nous avoir envoyé une bonne voiture avec un cocher... On est
très commodément comme cela, et du moins nous
arriverons tout frais à Paris.

Gustave ne répondait pas à Benoît; il était
enfoncé dans ses réflexions; il pensait à toutes
les personnes qu'il avait laissées en France, et
songeait aux changements que trois ans peuvent
apporter dans les situations.

Le premier jour, les voyageurs ne s'arrêtèrent
que pour manger et changer de chevaux. Gustave
était fort content de Germain, qui le menait
comme le vent. Le second jour tirait à sa fin; il
commençait à faire nuit, et Gustave songeait avec
joie qu'il ne devait plus être fort éloigné de

Paris. Il met la tête hors de la voiture. Il lui semble ne plus être sur la grande route.

— Germain, où sommes-nous?

— A six lieues de Paris, monsieur; nous approchons de Montmorency...

— Es-tu bien sûr que tu as pris le bon chemin?...

— Oh! oui, monsieur; j'ai fait un détour qui raccourcit beaucoup.

— S'il allait nous égarer, monsieur! dit Benoît avec inquiétude.

— Eh bien, imbécile, n'as-tu pas peur?

— Dam', monsieur, il fait nuit... je ne vois pas de maison...

— Est-ce que tu vois toujours des maisons sur les grandes routes?

— Mais puisque vous dites que nous ne sommes pas sur une grande route...

— Dors, ou tais-toi...

— Monsieur je ne peux pas dormir quand j'ai peur.

Germain allait moins vite: il s'arrête bientôt tout à fait pour parler à son maître:

— Monsieur, je crois que vous avez raison... je me suis égaré; je ne reconnais plus mon chemin...

— J'en étais sûr! dit Gustave.

— Est-ce que nous passerons la nuit dans les champs? s'écrie Benoît.

— Va toujours, Germain: à la première habitation tu demanderas ton chemin.

— Mais, monsieur, le diable s'en mêle!... voilà un de mes chevaux qui est déferré; il a de la peine à trotter, et si je continue de galoper cela pourra le blesser.

— Parbleu, marmotte tout bas Benoît, il faut qu'il soit bien bête pour perdre les fers de ses chevaux... Nous voilà dans une jolie position !...

Gustave ne sait quel parti prendre. Germain propose d'aller à la découverte : il croit apercevoir de la lumière sur la gauche, il veut aller demander son chemin.

— Si c'est une maison où l'on veuille nous loger, dit Gustave, nous y passerons la nuit dans le cas où tu ne pourrais referrer ton cheval.

Germain va et revient bientôt vers Gustave. La lumière qu'il a aperçue part d'une maison de belle apparence, où l'on consent volontiers à loger les voyageurs.

— Allons donc demander l'hospitalité, dit Gustave ; mais toi, Germain, tu tâcheras d'aller jusqu'au prochain village, et tu ramèneras un maréchal-ferrant ; je ne renonce pas à l'espoir d'arriver cette nuit à Paris.

— Oui, monsieur ; comptez sur mon zèle.

Gustave descend de voiture, et, suivi de Benoît, s'achemine vers la demeure hospitalière où l'on veut bien les revevoir. Il voit une jolie maison qui doit être la demeure de gens fortunés. Il frappe ; une femme âgée vient ouvrir.

— On m'a dit, madame, que le maître de la maison daignait me permettre de m'arrêter quelques instants chez lui pendant qu'on répare ma voiture?

— Oui, monsieur, oui ; vous pouvez entrer... je vais vous conduire.

La domestique fait monter Gustave et Benoît au premier, et leur ouvre la porte d'un salon élégamment meublé. Le maître et le valet regardent autour d'eux et ne voient personne. La domestique invite Gustave à se reposer, et sort en laissant de la lumière.

— Monsieur, dit Benoît en examinant chaque meuble l'un après l'autre, nous sommes chez quelqu'un de distingué.

— J'espère que nous verrons bientôt le maître du logis; il me tarde de le remercier.

La domestique revient avec des rafraîchissements.

— Aurais-je le plaisir de saluer votre maître? lui dit Gustave.

— Monsieur, c'est une dame qui habite cette maison avec ses domestiques ; elle donne volontiers un logement aux voyageurs, mais elle ne leur parle et ne les voit jamais.

— Comment! je ne pourrai pas remercier votre maîtresse!...

— Oh! cela est inutile, monsieur.

— Ni la voir ;

— Elle ne veut voir personne.

— C'est bien singulier!...

— Monsieur, il y a du mystère, dit tout bas Benoît à son maître.

Gustave allait encore hasarder quelques questions, lorsqu'on entendit un grand bruit au dehors. Benoît fait un saut; la domestique descend pour savoir ce que c'est. Bientôt Germain paraît et aborde Gustave d'un air tremblant.

— Qu'est-ce donc encore, Germain?

— Ah, monsieur !... vous allez me gronder... Je suis bien maladroit... Heureusement que cela n'est pas arrivé pendant que vous étiez dedans! Pourtant ça n'est pas ma faute!

— Mais explique-toi donc?...

— C'est une maudite ornière que je n'ai pas vue !... Je tenais un de mes chevaux en main, et pendant ce temps-là... crac!... la chaise de poste roule de côté...

— Quoi ! la voiture...

— Ah ! mon Dieu, monsieur, elle est abîmée! Une roue de cassée... l'essieu brisé !...

— Nous voilà jolis garçons ! dit Benoît en frappant du pied avec colère, tandis que Gustave riait.

— Quoi ! monsieur, cela vous fait rire ? ...

— Je pense à l'idée que mon oncle a eue de m'envoyer Germain et une voiture pour me revoir plus tôt; ma foi, cela a bien réussi !... Mais avec tout cela... où passerai-je la nuit?...

— Ici, monsieur, dit à Gustave la vieille domestique, qui était présente pendant le récit de Germain. Votre voiture a besoin d'être réparée, vous ne pouvez continuer votre route... Mais dans cette maison, vous ne manquerez de rien, et cela ne gênera nullement ma maîtresse; elle m'a chargée de vous dire que vous pouvez rester tant que cela vous conviendra...

— D'honneur, votre maîtressse est trop bonne... Puisqu'elle veut bien me le permettre, j'accepte pour cette nuit son obligeante hospitalité.

— Je vais préparer votre chambre, monsieur, et celle de vos domestiques... Bientôt on vous servira à souper.

La servante s'éloigne, et Germain la suit pour faire entrer ses chevaux et sa voiture dans la maison, car il est trop tard pour qu'il aille au prochain village chercher des ouvriers.

— Sais-tu bien, Benoît, que la maîtresse de cette

maison est bien aimable? dit Gustave en se jetant
dans un fauteuil.

— Ma foi, monsieur, nous sommes très heureux
d'être chez quelqu'un d'aussi obligeant!... Cependant je vois ici un air de mystère...

— Qui pique ma curiosité, je l'avoue... Cette
dame qui reçoit si bien des étrangers et ne se
montre pas...

— C'est qu'elle est laide, monsieur.

— Tu crois?... Moi, je trouve dans sa conduite
je ne sais quoi de romanesque... Si j'étais encore
en Italie, je verrais dans tout ceci une aventure
galante. Vraiment, nous sommes bien singuliers!...
quand quelque chose se dérobe à nos regards, nous
brûlons de l'apercevoir... Je serais enchanté de voir
cette dame mystérieuse...

— Attendez, monsieur, on monte l'escalier. Ah!
monsieur... j'aperçois... ah! c'est tout ce qu'il y a
de mieux...

— Quoi donc, une jolie femme?...

— Non, monsieur, c'est le souper qu'on a servi
dans la salle voisine.

— Peste soit du gourmand, avec son souper!

La domestique entre prévenir Gustave que le
souper l'attend. Gustave passe dans une salle à
manger, et s'assied devant une table élégamment
servie. Il adresse en soupant de nouvelles questions
à la domestique; mais celle-ci ne paraît pas ba-
varde: tout ce qu'il peut en tirer, c'est que la maîtressse du logis est jeune et a un enfant.

Le souper terminé, la servante conduit Gustave
dans une jolie chambre à coucher, et le prévient
que ses domestiques coucheront au-dessous de lui,
et qu'il pourra facilement les avoir s'il en a besoin.

Gustave est seul. Après deux jours passés en chaise de poste, il devrait avoir besoin de repos; Cependant, il ne se sent nulle envie de dormir. La soirée est belle, il ouvre sa croisée. La lune vient de se montrer et permet de distinguer les objets. Gustave voit de sa fenêtre une partie des jardins de la maison. Sur la droite est un corps de logis dans lequel il aperçoit de la lumière, c'est là sans doute que loge cette dame qui ne veut pas même qu'on la remercie pour sa touchante hospitalité.

Les regards attachés sur la fenêtre éclairée, notre jeune homme voudrait percer dans l'intérieur de l'appartement, mais bientôt il se sent honteux de sa curiosité.

— Eh quoi! se dit Gustave, parce qu'une dame ne se soucie point de voir un étranger, je me monte la tête !... je me crée mille chimères !... C'est une beauté, c'est une merveille!... Eh! mon Dieu! c'est probablement une femme fort ordinaire qui aime à être utile, et ne désire pas faire société avec ceux que le hasard lui fait recevoir. Il n'y a rien là de bien mystérieux... Et pour un homme qui vient de parcourir l'Europe, je m'étonne de peu de chose moi qui prétends être maintenant raisonnable... Couchons-nous, cela vaudra mieux que de contempler la lune et l'appartement de cette dame.

Gustave a fermé sa fenêtre...: lorsque les sons d'une harpe parviennent à son oreille. Oh! ma foi, la curiosité reprend le dessus; il se replace à la fenêtre et écoute attentivement. On prélude avec goût: la personne qui joue n'est peut-être pas très forte; elle ne surmonte point de ces difficultés qui étonnent sans charmer, mais elle met du goût et du sentiment dans son exécution; bientôt une voix se mêle aux sons de l'instrument : on chante une romance.

Gustave éprouve un plaisir extrême en écoutant la dame inconnue, car c'est elle assurément; ce ne peut être une autre, puisque la domestique a dit que sa maîtresse habitait seule la maison. Mais, hélas! le chant a cessé, la voix et la harpe sont muettes. Gustave écoute encore; il voudrait les entendre toujours. Jamais la musique ne lui a fait éprouver d'aussi douces sensations.

Après avoir écouté en vain pendant une heure, dans l'espoir de ressaisir quelques sons, Gustave se couche enfin; mais il est décidé à tout tenter pour connaître la personne qui chante si bien, et il s'endort en pensant à sa mystérieuse hôtesse.

Le lendemain, Gustave est éveillé de bon matin; il descend, et rencontre la servante.

— Ma bonne, puis-je parcourir le jardin?

— Oui, monsieur. Oh! vous pouvez aller partout où cela vous plaira.

— Raccommode-t-on ma voiture?

— Oui, monsieur; mais elle ne sera pas prête aujourd'hui.

— Cependant je ne puis pas me permettre de rester davantage dans cette maison...

— Pourquoi donc cela, monsieur?

— Ce serait abuser de la bonté de votre maîtresse...

— Pas du tout, monsieur; elle m'a dit de vous engager à rester jusqu'à ce que votre voiture soit en bon état.

— Je crains de gêner... Et puisqu'elle ne veut pas me recevoir...

— Oh! monsieur, ça ne fait rien!... et cela fera

plaisir à madame... Je vais préparer votre déjeuner.

La servante s'éloigne.

La drôle de maison, dit Gustave en entrant dans le jardin; on vous traite parfaitement et on ne veut pas vous voir. Ma foi, restons encore un jour: le hasard peut me servir et me faire rencontrer cette dame.

En entrant dans un parterre garni de fleurs charmantes, Gustave aperçoit une petite fille qui paraît avoir trois ans au plus; elle est jolie comme les amours, et court seule dans le jardin en cueillant des fleurs comme pour faire un bouquet.

— Que faites-vous donc là, ma chère amie? lui dit Gustave en l'embrassant.

— Je cueille des fleurs pour maman, répond l'enfant en souriant.

— Où donc est-elle, votre maman?

— A la maison.

— L'aimez-vous bien?

— Oui... et mon papa aussi.

Et son père aussi! diable! voilà une réponse qui dérange les idées de Gustave: ce père existe donc... pourquoi n'est-il pas avec sa femme?... C'est peut-être à cause de son absence que la dame ne reçoit personne.

Gustave essaie de faire parler encore la petite, mais l'enfant est trop jeune pour pouvoir bien s'exprimer: et sans lui répondre, elle s'échappe de ses bras et regagne la maison.

Gustave rentre pour déjeuner; il pense à cette petite fille dont les traits charmants lui rappellent des souvenirs confus, et à la voix de sa mère qui a retenti jusqu'au fond de son âme. Il est triste,

rêveur: il ne touche pas au déjeuner. Benoît
cherche en vain à distraire son maître et à le faire
parler; Benoît est forcé de manger pour deux; mais
il s'en acquitte bien, car il a apporté d'Angleterre
l'habitude de manger toute la journée.

— Comment donc faire pour la voir? s'écrie enfin
Gustave en sortant de table.

— Qui donc, monsieur?

— Eh parbleu! la maîtresse de cette maison...

— Ah pardi! je l'ai vue, moi, monsieur...

— Tu l'as vue, maraud, et tu ne m'en parles
pas?

— Ah! quand je dis que je l'ai vue... c'est-à-dire
je l'ai aperçue par derrière en passant dans le ves-
tibule, et entendue qui disait à sa bonne de porter
sa harpe dans le petit pavillon du jardin.

— Elle a dit cela?...

— Oui, monsieur; oh! elle l'a dit.

— Parbleu! je la verrai alors!...

Gustave a remarqué un pavillon au fond du jardin. Ce bâtiment n'a qu'un rez-de-chaussée, et au
travers des jalousies qui garnissent les fenêtres on
doit apercevoir dans l'intérieur. Notre jeune
homme descend aussitôt au jardin; il approche du
pavillon, il écoute; personne n'y est encore; mais
pour ne pas effrayer la jeune dame par sa présence,
il s'éloigne un peu et s'assied derrière une épaisse
charmille.

Bientôt il entend marcher; il écarte légèrement
la charmille, et aperçoit une dame donnant la main
à la petite fille; mais un voile épais couvre une
partie de son visage, et elle entre dans le pavillon
sans qu'il ait pu distinguer ses traits.

Gustave se rapproche du pavillon; la clef est à la

porte; ce serait une indiscrétion d'entrer, puisque
cette dame ne reçoit personne; mais du moins il est
permis d'écouter, et c'est ce que fait Gustave.

La harpe résonne; un prélude mélancolique se
fait entendre: on chante une romance dont les
paroles peignent les souffrances d'un cœur éloigné
de ce qu'il aime.

Gustave est attentif ; il cherche à se rappeler où
il a déjà entendu cette voix qui le charme.

Il fait le tour du pavillon ; il a inutilement
essayé d'apercevoir à travers les jalousies... partout les fenêtres sont garnies de rideaux. Mais, ô
bonheur! on a cessé de chanter pour aller ouvrir
une des fenêtres.

Gustave se rapproche ; il écarte bien doucement
la jalousie, et ses regards pénètrent enfin dans
l'intérieur du pavillon.

Cependant il n'est pas encore entièrement satisfait: la jeune dame est assise en face de lui, mais
elle tourne le dos à la fenêtre où il est, et il ne
peut apercevoir sa figure.

La petite fille est sur les genoux de sa mère, et
joue avec ses cheveux.

— Maman, tu ne chantes plus... tu as du chagrin... tu pleures toujours.

La jeune dame ne répond à la petite qu'en la
couvrant de baisers; puis elle appuie son mouchoir
sur ses yeux. Gustave est tremblant, il respire à
peine: il lui semble que c'est lui qui fait couler les
larmes de cette jeune femme.

La petite quitte les genoux de sa mère:

— Attends... attends, dit-elle; tu sais bien que
je puis t'empêcher de pleurer.

L'enfant va prendre un grand cadre placé sur

une chaise, et que Gustave n'a point encore remarqué; la petite peut à peine porter ce tableau, presque aussi grand qu'elle; cependant elle le place devant sa mère et lui envoie des baisers. La jeune femme reprend sa fille, l'embrasse, et la fait mettre à genoux devant le portrait.

— Prie le ciel, lui dit-elle, pour que ton père m'aime encore, et qu'il revienne un jour près de nous.

Elle tourne le dos à la fenêtre où il est. (P. 122.)

Gustave n'est plus maître de son émotion... cette voix lui est bien connue; il monte sur la fenêtre pour apercevoir aussi le portrait... il reconnaît cette image frappante... ses genoux fléchissent... ses larmes coulent... C'est lui, c'est bien lui qui est représenté sur cette toile... mais cette femme... cette enfant...

Il entre dans le pavillon, il approche... peut à peine en croire ses yeux: c'est Suzon qui est devant lui, qui se jette dans ses bras, qui lui présente sa fille...

Il tombe accablé sur le siège qu'elle occupait... son cœur n'a pas la force de résister à tous les sentiments qu'il éprouve.

On ouvre la porte d'un petit cabinet et le colonel de Moranval paraît.

— Mon cher Gustave, dit-il en s'avançant gaiement vers son neveu, tu as bien fait de revenir seul, car je te gardais ici une femme et un enfant.

Gustave ne peut encore répondre: il tient dans ses bras Suzon et sa fille, il les couvre de baisers.

— Allons, calme-toi, dit en souriant le colonel, tu dois être bien impatient de savoir comment il se fait que ta petite paysanne, que tu avais perdue à Paris, soit cette même dame qui possède des talents et a le ton de la société. Peu de mots vont te mettre au fait: ce petit Savoyard qui s'était établi devant la porte de mon hôtel... c'était Suzon!...

— Suzon!... s'écrie Gustave, et je ne t'ai point reconnue!...

— Ah! mon ami! j'étais tellement déguisée!... tellement noircie, que tu ne pouvais me reconnaître; et devant toi j'avais soin de ne parler que fort peu!...

— Et pourquoi ce déguisement?

— Pour être près de toi, pour te voir chaque jour, pour ne point te quitter...

— Pauvre Suzon! que de chagrins je t'ai causés!

— Ce fut en me sauvant de chez madame Henry que je formai ce projet; je vendis, je changeai tout ce que je possédais contre des habits de Savoyard. Hélas!... j'étais mère... je portais dans mon sein le fruit de nos amours, et lorsque tu passais près de moi, j'avais bien envie de me jeter dans tes bras et de tout t'avouer, mais la crainte d'être séparée de toi m'empêchait de céder à l'impulsion de mon cœur.

— La pauvre petite me craignait, reprend le colonel; cependant je ne suis pas si méchant que je le parais. Suzon nous avait suivis lorsque nous partîmes de Paris; elle monta derrière notre cabriolet, qui fut renversé à Saint-Germain. Tu dois te rappeler, Gustave, que, pour céder à tes désirs, j'allai m'informer de l'état du petit Savoyard.

Juge de ma surprise en reconnaissant alors dans cet enfant cette jeune fille qui m'avait intéressé! Je calmai la douleur de Suzon; elle voulait mourir parce que tu partais sans elle; je la consolai en lui faisant espérer qu'elle te reverrait, et en lui jurant de ne jamais l'abandonner. Cependant je me gardai bien de te faire part de cette aventure; et je partis pour Paris en emmenant avec moi le petit Savoyard.

Je l'avouerai, le dévouement de Suzon, la force et la sincérité de son amour, sa candeur, sa jeunesse, tout déjà m'attachait à cette jeune fille. Je la fis loger dans mon hôtel, et je fis soigner son éducation.

Elle apprenait avec une facilité prodigieuse et mettait tout son plaisir à me parler quelquefois de toi.

Elle mit au monde cette petite fille que j'aimai bientôt comme sa mère, car elle en avait déjà la douceur et la beauté.

Cependant Suzon apprit que sa mère était malade, elle quitta tout pour voler auprès d'elle, et j'approuvai cette conduite.

La mère Lucas mourut en pardonnant à sa fille la faute que l'amour lui avait fait commettre.

Suzon resta à Ermenonville; elle ne voulut plus quitter son père, qui n'avait qu'elle pour le consoler. Elle passa huit mois dans son village; au bout de ce temps une fièvre maligne emporta le bonhomme Lucas.

J'allai à Ermenonville, et je forçai Suzon à revenir avec moi; j'eus quelque peine à l'y déterminer, car elle ne voulait plus quitter son village et le tombeau de ses parents; mais je lui reparlai de toi, et l'amour l'emporta.

Enfin, mon cher Gustave, j'appréciai chaque jour davantage les vertus et les aimables qualités de celle que j'avais recueillie: une maladie violente m'aurait fait perdre la vie, sans les soins, les attentions, les secours de Suzon, qui passa les nuits à me veiller.

Tant de dévouement me toucha, et je commençai à désirer que tu ne rencontrasses point dans tes voyages une femme qui te captivât entièrement. Je fis part à Suzon de mes vues sur elle....

Juge de sa joie!...

Cependant elle me pria de ne point te parler d'elle; elle voulait te laisser maître de ton cœur, et ne point t'empêcher de former de nouveaux liens. Mais avec quelle inquiétude elle écoutait la lecture de tes lettres, dans lesquelles elle craignait sans cesse d'apprendre que tu eusses fait un choix!

Enfin, tu m'as annoncé ton retour, et je t'ai envoyé Germain, auquel j'avais fait sa leçon pour qu'il t'amenât ici.

J'ai voulu piquer ta curiosité; je connais ton cœur, Gustave; mais j'ai cherché à l'émouvoir vivement, afin que tu apprécies davantage tout le bonheur que je t'ai réservé.

— Sois heureux, mon ami: je te donne un enfant charmant et une femme adorable, près de laquelle tu ne trouveras plus le temps long; d'abord parce qu'elle possède des talents qui embellissent l'intérieur d'un ménage, et que, son esprit étant cultivé, tu pourras parler avec elle d'autre chose que d'amour...

C'est une conversation charmante, mes enfants; mais pour avoir toujours quelque chose à se dire à ce sujet, il ne faut pas d'abord l'épuiser, et c'est ce que vous faisiez pendant le premier séjour de Suzon à l'hôtel.

— Mon cher oncle! dit Gustave en sautant au cou du colonel, désormais je serai constant. Près de Suzon, de vous et de ma fille, je vais trouver le bonheur que j'ai vainement cherché dans le tourbillon des intrigues et de la folie.

— Mon ami, il faut que jeunesse se passe: tu as jeté ton feu, tant mieux; cela me rassure pour ton avenir.

— Ah! Gustave, dit Suzon en prenant la main de son ami, je n'aurais jamais cru être aussi heureuse... Qui m'aurait dit, lorsque tu vins au village, que je serais ta femme?...

— Ma chère enfant, dit le colonel en unissant les deux amants, vous m'avez prouvé que les vertus, la douceur, l'esprit et la beauté, peuvent tenir lieu de naissance et de fortune.

FIN DE GUSTAVE LE MAUVAIS SUJET.

OEUVRES DE PAUL DE KOCK

Ouvrage suivant

LA PUCELLE DE BELLEVILLE

www.ingramcontent.com/pod-product-compliance
Lightning Source LLC
Chambersburg PA
CBHW071827090426
42737CB00012B/2201